Der Weg zu Gott

Der Weg zu Gott

zu Gott

(Und wie er zu finden ist)

ANEKO
PRESS

We enjoy hearing from our readers. Please contact us at www.anekopress.com/questions-comments with any questions, comments, or suggestions.

Der Weg zu Gott

© 2025 by Aneko Press

All rights reserved. First edition 1898.

Revisions copyright 2025.

Lutherbibel, revidiert 2017, © 2016 Deutsche Bibelgesellschaft, Stuttgart. Used by permission.

Cover Designer: Jonathan Lewis

Translator: Fleming H. Revell

Editor: Renate Doering

Aneko Press

www.anekopress.com

Aneko Press, Life Sentence Publishing, and our logos are trademarks of

Life Sentence Publishing, Inc.
203 E. Birch Street
P.O. Box 652
Abbotsford, WI 54405

RELIGION / Christian Living / Spiritual Growth

Paperback ISBN: 979-8-88936-509-9

eBook ISBN: 979-8-88936-510-5

10   9   8   7   6   5   4   3   2   1

Available where books are sold

Inhalt

Gib es weiter..ix

An die Leser. xi

Kap. 1: „Die Liebe, die viel besser ist, denn alles Wissen."...1

Kap. 2: Das Tor ins Himmelreich..........................21

Kap. 3: Die zwei Klassen. 45

Kap. 4: Worte des Rates..63

Kap. 5: Ein göttlicher Erlöser................................77

Kap. 6: Buße und Ersatz..87

Kap. 7: Gewissheit der Seligkeit. 105

Kap. 8: Christus Alles und in Allen. 129

Kap. 9: An die Abtrünnigen. 147

Gib es weiter.

Schreiben Sie bitte in die untenstehenden Linien die Namen Ihrer Freunde und lassen Sie dieses Büchlein unter ihnen die Runde machen.

1 _____

2 _____

3 _____

4 _____

6 _____

7 _____

8 _____

9 _____

10 _____

Wir suchen fünfhundert christliche Männer und Frauen, die uns helfen, unsere Dörfer und Städte zu evangelisieren. Ein System christlicher Arbeit, einzig in seiner Art, gestiftet von D. L. Moody und unterstützt von Pastoren und Evangelisten.

Für alle christlichen Konfessionen!

Kann überall wirksam angewandt werden!

An die Leser.

In diesem Büchlein habe ich versucht, den Weg zu Gott zu zeigen. Es enthält den größeren Teil verschiedener Reden, die ich in Städten Englands und Amerikas gehalten habe. Gott hat sie von der Kanzel herab gnädig anerkannt, und ich hoffe, er wird sie auch segnen, wenn sie jetzt im Druck erscheinen.

Ich habe auf die Liebe Gottes, als die Quelle aller guten Gaben, hingewiesen, in der Hoffnung, dadurch Seelen Dem zuzuführen, welcher „der Weg, die Wahrheit und das Leben" ist. Ich habe solche Wahrheiten darzustellen versucht, die die besonderen Bedürfnisse verschiedener Klassen von Menschen betreffen und Antwort auf die Frage: „Wie der Mensch gerecht gegen Gott sein kann", geben möchten.

Das letzte Kapitel ist ganz besonders an Abtrünnige, eine Klasse Menschen, die leider allzu groß unter uns ist, gerichtet.

Mit ernsthaftem Gebet und in der Hoffnung, dass mit Gottes Segen der Leser im Glauben an Christus gestärkt und gefestigt werden möge, verbleibe ich im Dienste des Herrn.

D. L. Moody.

„Die Liebe, die viel besser ist, denn alles Wissen."

„Christus lieb haben, ist viel besser, denn alles Wissen." (Epheser 3, 19.)

Wenn ich die Worte des Apostels Johannes: „Gott ist die Liebe", den Menschen nur klarmachen könnte, würde ich diesen einzigen Spruch nehmen und durch die ganze Welt ziehen, um diese herrliche Wahrheit zu verkündigen. Wird jemand überzeugt, dass er geliebt wird, so ist sein Herz dadurch gewonnen. Könnten wir die Menschen wirklich überzeugen, dass Gott sie liebt, sie würden sich ins Himmelreich hinein drängen! Die Schwierigkeit aber liegt darin, dass die Menschen dem Irrtum verfallen sind, Gott liebe sie nicht, und deshalb entfernen sie sich von ihm.

Vor einigen Jahren haben wir in Chicago eine Kirche

gebaut; und unsere größte Sorge war, wie wir die Leute über die Liebe Gottes aufklären. Wir dachten, wenn wir sie nicht in die Herzen hinein predigen könnten, so wollten wir versuchen, sie hinein zu brennen; und brachten direkt über der Kanzel in hellen Gasflammen die Worte an: „Gott ist die Liebe."

Eines Abends kam ein Mann an der Kirche vorbei, schaute durch die offene Tür und sah den erleuchteten Spruch. Er war ein armer Verlorener. Als er weiterging, musste er immer vor sich hin denken: „Gott ist die Liebe! Nein, er hat mich nicht lieb; ich bin ja ein armer, elender Sünder."

Er wollte den Spruch loswerden, aber er stand ihm immer in brennenden Buchstaben vor Augen. Er ging weiter; bald aber wandte er um und ging zurück in die Kirche. Er hörte nichts von der Predigt, aber die Worte des kurzen Spruches waren tief in sein Herz gedrungen, und das war genug.

Es tut wenig zur Sache, was die Menschen sagen, wenn nur das Wort Gottes den Weg ins Herz des Sünders findet. Er blieb nach dem Gottesdienst noch in der Kirche, und als ich ihn gewahrte, weinte er wie ein Kind. Als ich ihm die Bibel erklärte und ihm sagte, wie lieb ihn Gott dennoch habe, obwohl er so weit von ihm gewichen war, und wie gerne er ihn zurücknehmen und ihm alles verzeihen will, da ging das Licht des Evangeliums in seiner Seele auf, und er ging freudig fort.

Es gibt nichts auf der Welt, was man so hoch schätzt wie die Liebe. Zeige mir jemanden, den niemand liebt oder sich um ihn bekümmert, und ich zeige dir einen der unglücklichsten Menschen auf Erden.

Was ist die Ursache der vielen Selbstmorde? Manche werden von dem Gedanken überwältigt — dass niemand sie liebe, und deshalb möchten sie lieber tot sein als leben.

Ich kenne keine Wahrheit in der ganzen Bibel, die uns so fesseln sollte, wie die Lehre von der Liebe Gottes; und es ist auch nichts sonst in der Bibel, was der Teufel so gerne auslöschen möchte. Seit mehr als sechstausend Jahren hat er sich bemüht, die Menschen zu überzeugen, dass Gott sie nicht liebe. Es gelang ihm, unsere ersten Eltern mit dieser Lüge zu betrügen; und es gelingt ihm auch noch bei zu vielen ihrer Nachkommen.

Die Meinung, dass Gott uns nicht liebe, kommt oft von falschem Unterricht. Eine Mutter unterrichtet ihre Kinder falsch, wenn sie ihnen sagt, dass Gott sie nicht lieb habe, wenn sie böse sind, sondern nur, wenn sie gut sind. Das lehrt die Heilige Schrift nicht. Ihr lehrt euren Kindern doch nicht, dass ihr sie hasst, wenn sie böse sind? Ihr Vergehen verwandelt doch eure Liebe nicht in Hass? Wenn dem so wäre, dann würde sich eure Liebe ständig verändern. Weil euer Kind verdrießlich oder vielleicht ungehorsam ist, werdet ihr es doch nicht verstoßen? Gewiss nicht. Es ist dennoch euer Kind, und ihr liebt es. Und wenn die Menschen sich von Gott abwenden, so hasst er sie deshalb nicht. Es ist bloß die Sünde, die er hasst.

Viele Leute meinen, dass Gott sie nicht liebe, weil sie ihn mit ihrem eigenen kleinen Maß messen. Wir lieben unsere Mitmenschen, solange wir sie unserer Liebe würdig erachten; wenn sie es nicht mehr sind, stoßen wir sie von uns. So macht Gott es nicht. Es ist ein großer Unterschied zwischen menschlicher Liebe und Gottes Liebe.

In Epheser 3, 18, lesen wir von der Breite, Länge, Tiefe und Höhe der Liebe Gottes. Viele meinen, wir wissen etwas von der Liebe Gottes; aber nach Jahrhunderten erkennen wir, dass wir nie viel davon gewusst haben. Columbus entdeckte Amerika; aber was wusste er von dessen großen Seen, Flüssen, Wäldern, Bergen und Tälern? Er starb, ohne viel von dem zu wissen, was er entdeckt hatte. So haben viele unter uns etwas von der Liebe Gottes entdeckt; aber sie hat Höhen, Tiefen, Längen und Breiten, von denen wir nichts wissen. Sie gleicht einem großen Meer; und wir müssen hineinsteigen, ehe wir wirklich etwas davon wissen können. Es wird von einem katholischen Erzbischof in Paris erzählt, dass, als man ihn ins Gefängnis geworfen und zum Tode verurteilt hatte, er kurz vor seiner Hinrichtung in seinem Kerker ein Fenster, in Gestalt eines Kreuzes erblickte. Über dem Kreuz schrieb er „Höhe", unter demselben „Tiefe", und zu beiden Seiten „Länge". Als er das Kreuz ansah, erkannte er die ganze Macht der Liebe Gottes.

Wenn wir die Liebe Gottes recht erkennen wollen, müssen wir uns im Geiste nach Golgatha versetzen. Und können wir dann noch sagen, dass Gott uns nicht lieb habe? Das Kreuz zeugt von der Liebe Gottes. Keine größere Liebe ist je gelehrt worden als die Liebe, die das Kreuz uns lehrt. Was veranlasste Gott, uns Christus zu geben? Was anders bewog Christus zu sterben als die Liebe zu uns? „Niemand hat größere Liebe, denn die, dass er sein Leben lässt für seine Freunde." Christus ließ sein Leben für seine Feinde, für seine Mörder, für die, welche ihn hassten; und die Lehre des Kreuzes auf Golgatha ist die Liebe. Als sie Christus verspotteten und verhöhnten, was sagte er? „Vater, vergib ihnen, denn sie wissen nicht, was sie tun." Das ist Liebe. Er rief nicht Feuer vom Himmel, um sie zu verzehren; in seinem Herzen war nur Liebe.

Forsche in der Bibel und du wirst finden, dass die Liebe Gottes unveränderlich ist. Viele, die dich einst lieb hatten, sind vielleicht in ihrer Liebe erkaltet; ja es mag sein, dass sich ihre Liebe in Hass verwandelt hat. Mit Gott ist es nicht so. Es heißt von Jesus zu der Zeit, als er von seinen Jüngern getrennt wurde, um nach Golgatha geführt zu werden, dass: „Wie er die Seinen geliebt hatte, die in der Welt waren, so liebte er sie bis ans Ende." (Ev. Joh. 13, 1). Er wusste, dass einer seiner Jünger ihn verraten würde, trotzdem liebte er ihn; er wusste, dass Petrus ihn mit Schwur verleugnen würde, und doch liebte er auch ihn. Und diese Liebe war es, die Petrus' Herz beugte und ihn in Reue zu den Füßen seines Herrn zurückbrachte. Während drei Jahren war Jesus mit seinen Jüngern gewesen, um sie seine Liebe zu lehren, nicht bloß durch sein Beten und seine Worte, sondern auch durch seine Werke. Und in der Nacht, in der er verraten wurde, nimmt er ein Becken mit Wasser, bindet eine Schürze um und wäscht ihre Füße; er wollte sie von einer unveränderlichen Liebe überzeugen.

Ich lese keinen Teil der Heiligen Schrift lieber als das vierzehnte Kapitel Ev. Johannes; und werde desselben nie müde. Höre, was unser Herr sagt, da er seinen Jüngern sein Herz erschloss: „An jenem Tage werdet ihr erkennen, dass ich in meinem Vater bin und ihr in mir und ich in euch. Wer meine Gebote hat und hält sie, der ist's, der mich liebt. Wer mich aber liebt, der wird von meinem Vater geliebt werden." Ev. Joh. 14, 20. 21)

Denke nur, der große Gott, der Himmel und Erde erschaffen hat, liebt auch dich und mich! „Wer mich liebt, der wird mein Wort halten; und mein Vater wird ihn lieben, und wir werden zu ihm kommen und Wohnung bei ihm nehmen." (V. 23.)

Wollte Gott, dass wir diese große Wahrheit fassen könnten, dass der Vater und der Sohn uns so lieben, dass sie zu uns kommen und bei uns bleiben wollen? Nicht nur etwa eine Nacht bei uns zu verweilen, sondern um in unseren Herzen zu bleiben.

Und eine andere Stelle lautet noch wunderbarer: „Ich in ihnen und du in mir, auf dass sie vollkommen eins seien und die Welt erkenne, dass du mich gesandt hast und sie liebst, wie du mich liebst." (Ev. Joh. 17, 23.) Und warum sollte der Vater ihn nicht lieb haben? Er war gehorsam bis zum Tode; er hat nie die Gesetze des Vaters übertreten, noch die Pflichten des äußersten Gehorsams versäumt. Mit uns ist es ganz anders, und doch, trotz all unseres Empörens und unserer Torheiten, sagt er, dass, wenn wir an Christus glauben, der Vater uns lieb habe wie den Sohn. —

Wahrlich, eine wunderbare Liebe! Gott liebt uns wie seinen eigenen Sohn. Es scheint uns fast zu gut, um wahr zu sein. Doch das ist gerade, was uns Jesus lehrt.

Es fällt schwer, den Sünder von der unveränderlichen Liebe Gottes zu überzeugen. Wenn der Mensch sich von Gott entfernt hat, glaubt er immer, dass Gott ihn hasse. Wir müssen einen Unterschied machen zwischen dem Sünder und der Sünde. Gott liebt den Sünder, aber die Sünde hasst er. Gottes Liebe ist aber nicht bloß unveränderlich, sondern auch unfehlbar. In Jesaja 49, 15-16 heißt es: „Kann auch eine Frau ihr Kindlein vergessen, dass sie sich nicht erbarme über den Sohn ihres Leibes? Und ob sie seiner vergäße, so will ich doch deiner nicht vergessen. Siehe, in die Hände habe ich dich gezeichnet"

Die mächtigste Liebe, die wir kennen, ist die Mutterliebe. Vieles kann einen Mann von seiner Frau trennen. Ein Vater mag seinem Kind den Rücken kehren, Geschwister mögen die bittersten Feinde werden, der Mann mag seine Frau verlassen, die Frau ihren Mann. Aber die Mutterliebe erduldet alles. Im guten Ruf, im schlechten Ruf, der Verurteilung der ganzen Welt gegenüber, liebt die Mutter noch immer ihr Kind und glaubt, dass es sich vom Bösen abwenden und Buße tun wird. Sie erinnert sich an das Lächeln des Kindes, an das freudige Lachen des Knaben, an die Verheißung seiner Jugend; und sie kann ihn nie für unwürdig halten. Selbst der Tod kann die Mutterliebe nicht erlöschen, sie ist mächtiger.

Ihr habt vielleicht eine Mutter am Bett eines kranken Kindes gesehen. Wie gerne möchte sie die Krankheit auf sich nehmen, könnte sie nur ihr Kind davon erlösen! Woche um Woche wacht sie und sorgt für das kranke Kind.

Vor einiger Zeit war einer meiner Freunde auf Besuch in einem schönen Hause, wo er noch mehrere andere traf.

Nachdem sie alle fortgegangen waren, musste er wieder zurück, weil er etwas vergessen hatte. Da fand er seine Wirtin, eine reiche Dame, neben einem armen Knaben, der wie ein Landstreicher aussah. Er war ihr eigener Sohn! Wie der verlorene Sohn hatte er sich weit verirrt, aber die Mutter sagte: „Er ist mein Junge, ich liebe ihn dennoch."

Ein bekannter Geistlicher im Staat New York erzählte mir einst von einem Vater, der ein böser Mensch war. Die Mutter hatte alles aufgeboten, um ihren Knaben vor dem Verderben zu schützen, aber der Einfluss des Vaters wog schwerer und hatte den Sohn bis zum Verbrecher und Mörder gebracht. Während der gerichtlichen Untersuchung saß die arme verwitwete Mutter (der Vater war gestorben) im Gerichtszimmer. Ging das Zeugnis gegen den Jungen, so schmerzte es die Mutter mehr als den Sohn. Als er schuldig erklärt und zum Tode verurteilt wurde, erkannte jedermann die Gerechtigkeit des Urteils und war mit der Entscheidung einverstanden; aber die Liebe der Mutter wankte nicht. Sie flehte um eine Frist, aber die wurde ihr versagt. Nach der Hinrichtung flehte sie um den Leichnam und auch dieser wurde ihr versagt. Dem Brauch gemäß wurde er im Gefängnishof begraben. Bald darauf starb auch die Mutter; aber ehe sie verschied, äußerte sie noch den Wunsch, neben ihrem Sohne begraben zu werden.

Es wird eine Geschichte von einem jungen Mädchen in Schottland erzählt, das ihre Heimat verließ und eine Verworfene wurde. Ihre Mutter suchte sie weit und breit, aber umsonst. Zuletzt ließ sie ihr Bild an die Wand der „Mitternachts-Mission"-Stube aufhängen, dort, wohin verrufene Frauen zu kommen pflegen. Viele gaben dem Bilde bloß einen schweifenden Blick—nur eine blieb vor ihm stehen. Es ist ja dasselbe liebe Gesicht, das in ihrer Kindheit auf sie geschaut hat. Sie hat ihr verirrtes Kind nicht vergessen oder von sich gestoßen; sonst wäre ihr Bild nie in dieses Zimmer gekommen. Es schien, als öffne sich der Mund und flüstere: „Komm nach Hause, ich verzeihe dir, und habe dich noch immer lieb." Das arme Mädchen, von ihren Gefühlen überwältigt, brach zusammen — es war das Bild ihrer Mutter. Sie erkannte schmerzlich ihren tiefen Fall und, erfüllt mit Reue und Scham, kehrte sie ins elterliche Haus zurück und Mutter und Tochter waren wieder vereint.

Aber lasse dir sagen, dass keine Mutterliebe der Liebe Gottes auch nur annähernd vergleichbar ist; sie kann weder die Höhe noch Tiefe der Liebe Gottes erreichen. Keine Mutter auf Erden hat je ihr Kind geliebt, wie Gott dich und mich liebt.

Stelle dir nur die Liebe vor, die Gott für uns hatte, als er seinen Sohn gab, um für die Welt zu sterben! Ich dachte anfangs viel mehr an Christus als an den Vater. Ich war der irrigen Meinung, Gott sei ein strenger Richter, und dass Christus zwischen Gott und mich treten müsse, um den Zorn Gottes zu befriedigen. Aber nachdem ich selbst ein Vater war, und für viele Jahre bloß einen einzigen Sohn hatte, da sah ich auf meinen Jungen und dachte daran, wie der Vater seinen Sohn gab, um für uns zu sterben, und es kam mir vor, als brauchte der Vater größere Liebe, den Sohn zu geben, als der Sohn, um zu sterben! „Denn also hat Gott die Welt geliebt, dass er seinen eingeborenen Sohn gab, auf dass alle, die an ihn glauben, nicht verloren werden, sondern das ewige Leben haben." (Joh. 3, 16.) Ich kann nie über diesen Vers predigen, er ist mir zu hoch, um ihn zu erklimmen; deshalb habe ich ihn stets bloß zitiert und bin dann mit meinem Vortrag weitergegangen. Wer ergründet die Tiefe der Worte: „Denn also hat Gott die Welt geliebt"? Ebenso wenig können wir die Höhe seiner Liebe begreifen.

Paulus betete, dass die Gläubigen begreifen möchten, welches da sei die Breite, und die Länge, und die Tiefe, und die Höhe der Liebe Gottes, und auch die Liebe Christi erkennen können, die alle Erkenntnis übertrifft. (Eph. 3, 18. 19)

Nichts spricht so vollkommen von der Liebe Gottes, als das Kreuz Christi. Komm mal mit mir nach Golgatha und sieh den Sohn Gottes am Kreuze blutend hängen! Kannst du das rührende Gebet für seine Peiniger hören: „Vater, vergib ihnen, denn sie wissen nicht, was sie tun," und noch sagen, dass er dich nicht liebt? „Niemand hat größere Liebe als die, dass er sein Leben lässt für seine Freunde. (Ev. Joh. 15, 13.) Aber Jesus ließ sein Leben für seine Feinde.

Noch ein Gedanke: Er hat uns geliebt, lange ehe wir an ihn dachten. Die Annahme, dass er uns nicht liebt, bis wir ihn lieben, ist schriftwidrig. „Darin besteht die Liebe: nicht dass wir Gott geliebt haben, sondern dass er uns geliebt hat und gesandt seinen Sohn zur Versöhnung für unsre Sünden." (1. Joh. 4,10.) Er hat uns geliebt, ehe wir je daran dachten, ihn zu lieben. Ihr habt eure Kinder geliebt, ehe sie etwas von eurer Liebe gewusst haben. Gerade so verhält es sich zwischen uns und Gott.

Was führte den verlorenen Sohn nach Hause? Das Bewusstsein, dass sein Vater ihn noch liebe. Wenn er erfahren hätte, dass er verstoßen sei, dass sein Vater ihn nicht mehr liebe, glaubst du, er wäre zurückgekehrt? Gewiss nicht! Aber der Gedanke, dass sein Vater ihn noch liebe, bemächtigte sich seiner, und er machte sich auf den Weg nach der Heimat. Lieber Leser, die Liebe des Vaters sollte uns doch auch zu ihm zurückführen. Es war Adams Unglück und Sünde, wodurch ihm die Liebe Gottes kund wurde. Nachdem Adam gefallen war, kam Gott und war gnädig mit ihm. Wenn ein Mensch verloren geht, geschieht es nicht, weil Gott ihn nicht liebt, sondern weil er die Liebe Gottes nicht anerkannte.

Was wird den Himmel uns teuer machen? Sind es die Tore aus Perlen, oder die goldenen Straßen? O nein, der Himmel wird uns teuer sein, weil wir dort Den sehen werden, der uns so sehr lieb hatte, dass er seinen eingeborenen Sohn gab, um für uns zu sterben. Was macht uns unser Heim so lieb und wert? Sind es schöne Stuben oder kostbare Möbel? Nein, manches Heim mit allen Kostbarkeiten ist wie „ein getünchtes Grab." In Brooklyn lag eine Mutter im Sterben; man musste ihr Kind wegnehmen, da es die Krankheit nicht verstehen konnte und die Mutter gestört hatte. Jede Nacht war das Kind schluchzend eingeschlafen im Nachbarhaus, weil es immer zu seiner Mutter wollte. Mit der Mutter aber wurde es immer schlimmer und man durfte doch das Kind nicht nach Hause nehmen. Schließlich starb die Mutter und nach ihrem Tode schien es am besten, dass das Kind seine tote Mutter nicht im Sarg sehen sollte. Nach dem Begräbnis ist das

Kind von einer Stube zur andern durchs ganze Haus gelaufen und hat immer „Mama, Mama!" gerufen, und da es die geliebte Mutter nicht fand, bat es weinend, man solle es wieder ins Nachbarhaus bringen. Gerade so, was den Himmel kostbar macht: der Gedanke, dass wir dort Christus sehen werden, der uns geliebt und sich selbst für uns geopfert hat.

Sollte mich jemand fragen, warum uns Gott so liebt, so könnte ich keine befriedigende Antwort darauf geben. Ich glaube aber, er liebt uns, weil er ein rechter Vater ist. Gott ist die Liebe, und somit ist es seine Natur zu lieben, gerade wie die Sonne ihrer Natur nach auf uns scheint. Er will, dass wir an dieser Liebe teilhaben sollen. Lass dich nicht durch Unglauben von ihm trennen, in der Meinung, weil du ein Sünder bist, dass Gott dich nicht liebe oder um dich besorgt sei. Er tut es immer! Er möchte dich selig machen.

„Denn Christus ist schon zu der Zeit, als wir noch schwach waren, für uns Gottlose gestorben." (Röm. 5, 6.) Ist das nicht genug, dich zu überzeugen, dass er dich liebt? Er wäre sonst nicht für dich gestorben. Ist dein Herz so hart, dass du dich gegen seine Liebe sträuben und sie verschmähen kannst? Du kannst es tun, aber auf deine eigene Gefahr hin.

Ich kann mir vorstellen, wie manche sagen: „Ja, wir glauben, dass Gott uns liebt, wenn wir ihn lieben; wir glauben, dass Gott die Frommen liebt." Lass mich dir sagen, lieber Freund, dass Gott nicht bloß die Frommen liebt, sondern auch die Gottlosen. „Gott aber erweist seine Liebe zu uns darin, dass Christus für uns gestorben ist, als wir noch Sünder waren." (Röm. 5, 8.) Gott sandte ihn, um für die Sünden der ganzen Welt zu sterben. Wenn du zu der Welt gehörst, dann hast du Teil an dieser Liebe, die im Kreuze Christi dargestellt wurde.

In Offenbarung, Joh. 1, 5 heißt es: „Ihm, der uns liebt und uns erlöst hat von unsern Sünden mit seinem Blut.“ Man möchte denken, dass der Herr uns erst reinwaschen und dann lieben würde. Aber nicht so — „er hat uns erst geliebt.“ Vor einer Reihe von Jahren war das ganze Land sehr aufgeregt wegen Charlie Ross (eines Kindes von vier Jahren), das entführt wurde. Zwei Männer in einer Kutsche entführten ihn durch falsche Vorspiegelungen, als er mit seinem älteren Bruder an der Straße stand. Seit vielen Jahren wurde in allen Staaten des Landes und auch in England, Frankreich und Deutschland nach ihm geforscht und gesucht, aber vergeblich. Seine Mutter lebt noch immer in der Hoffnung, ihn noch einmal zu sehen. Ich kann mich an keine andere Begebenheit erinnern, die das ganze Land so erregt hat, außer die Ermordung des Präsidenten Garfield. Nun stelle dir einmal vor, die Mutter von Charlie Ross wäre in einer Versammlung, und da erkenne sie, während sie über die Versammlung blickt, ihren lang verlorenen Sohn. Nun, wäre er arm, schmutzig und zerlumpt, ohne Schuhe und Rock, was würde sie tun? Würde sie warten, bis er gewaschen und gekleidet wäre, ehe sie ihn anerkennt? Nein, sie würde sogleich zu ihm eilen und ihn in ihre Arme schließen und nachher ihn waschen und bekleiden. So ist es mit Gott. Er hat uns geliebt und gereinigt. Ich kann mir denken, wie vielleicht jemand sagt: „Wenn Gott mich liebt, warum macht er mich dann nicht gut?“ Gott will Söhne und Töchter im Himmel haben, keine Maschinen oder

Sklaven. Er könnte wohl unsere starren Herzen brechen, aber er möchte uns mit den Banden der Liebe an sich ziehen. Er wünscht, dass wir mit ihm beim Hochzeitsmahl des Lammes sitzen. Er möchte dich waschen, dass du schneeweiß würdest; er möchte, dass du mit ihm auf den kristallenen Straßen jener seligen Welt wandelst; er möchte dich in seine Familie aufnehmen, und dich einen Sohn oder eine Tochter des Himmels nennen. Willst du seine Liebe mit Füßen treten oder dich in dieser Stunde zu ihm begeben?

Während unseres schrecklichen Bürgerkrieges erhielt eine Mutter die Nachricht, dass ihr Sohn in der Schlacht verwundet wurde. Sie nahm den ersten Eisenbahnzug, um zu ihrem Sohn zu gelangen, obgleich vom Kriegsministerium befohlen war, dass keine Frauen mehr an die Front kommen durften. Aber die Mutterliebe kennt keine Befehle, und so gelang es ihr, durch Tränen und Bitten zum Kriegsschauplatz vorzudringen. Sie fand auch das Spital, wo ihr Sohn lag. Dann wandte sie sich zum Arzt und sagte: „Wollen Sie mir Erlaubnis geben, ins Spital zu gehen und meinen Sohn zu pflegen?" Der Arzt sagte: „Ihr Sohn ist gerade eingeschlafen, er ist in einer sehr bedenklichen Lage, und ich fürchte, wenn Sie ihn aufwecken, könnte die Aufregung ihn davon reißen. Es ist besser, Sie bleiben noch eine Weile draußen, bis ich ihm schonend sage, dass Sie gekommen sind." Die Mutter blickte den Arzt an und erwiderte: „Doktor, denken Sie nur, wenn mein Sohn nie aufwachen sollte, und ich ihn nie lebend wieder sähe! Lassen Sie mich hinein und an seinem Bett sitzen, ich werde nicht zu ihm sprechen." „Wenn Sie wirklich nicht zu ihm sprechen wollen, dann mögen Sie hineingehen", sagte der Arzt.

So schlich sie zum Bette und schaute auf das Antlitz ihres Sohnes. Wie hatte sie sich doch gesehnt, ihn zu sehen! Wie ergötzten sich jetzt ihre Augen, als sie auf sein Angesicht schauten! Sie legte liebevoll ihre Hand auf seine Stirne. In dem Augenblick, da ihre Hand seine Stirne berührte, rief er aus, ohne die Augen zu öffnen: „Mutter, du bist gekommen!" Er erkannte die liebende Hand. Liebe und Mitgefühl waren in ihrer Berührung.

Ach! Sünder, wenn du Jesus' liebende Hand fühlst, wirst du sie erkennen; sie hat solch große Zärtlichkeit in ihrer Berührung. Die Welt mag dich lieblos behandeln, aber Christus wird das nie tun. Du wirst nie einen besseren Freund in dieser Welt haben. Was du brauchst, ist: heute zu ihm zu kommen. Lass seine liebenden Arme dich unterstützen, und seine helfende Hand um dich sein, und er wird dich mit großer Macht halten. Er wird dich schützen, und dein Herz mit seiner Liebe und Zärtlichkeit erfüllen.

Ich kann mir vorstellen, wie einige unter euch sagen: „Aber wie soll ich zu ihm gehen?" Genau so, wie du zu deiner Mutter gehen würdest. Hast du deiner Mutter ein Leid oder Unrecht getan? Wenn es so wäre, dann würdest du zu ihr gehen und sagen: „Liebe Mutter, vergib mir!" Mache es gerade so mit Christus. Gehe heute noch zu ihm und sage ihm, dass du ihn nicht geliebt hast, dass du dich nicht recht gegen ihn betragen hast; bekenne deine Sünden und du wirst sehen, wie schnell er dich segnen wird.

Ich erinnere mich eines Vorfalls, als ein Soldat vor das

Kriegsgericht gestellt und zum Tode verurteilt wurde. Die Herzen seiner Eltern waren von der schrecklichen Nachricht ganz zerschlagen. Sie hatten ein kleines Mädchen, welches die Biografie von Abraham Lincoln gelesen hatte, und es sagte: „Wenn Abraham Lincoln nur wüsste, wie sehr meine Eltern meinen Bruder lieben, er würde ihn nicht erschießen lassen." Sie wollte, dass ihr Vater nach Washington reisen solle, um für ihn zu bitten. Aber der Vater sagte: „Nein, es würde nichts helfen, das Gesetz muss seinen Lauf nehmen. Sie haben schon mehreren, die von demselben Gericht verurteilt wurden, die Begnadigung versagt, und der Befehl ist ausgegangen, dass der Präsident sich nicht weiter einmischen werde; wenn ein Soldat vom Kriegsgericht verurteilt wird, muss er die Folgen tragen." Jene Eltern konnten gar nicht glauben, dass ihr Sohn begnadigt werden könnte.

Aber das kleine Mädchen hielt fest an ihrem Vertrauen; sie nahm den Bahnzug oben in Vermont und begab sich nach Washington. Als sie zum Hause des Präsidenten kam, wollten die Soldaten sie nicht hineinlassen; da sie ihnen aber ihre traurige Geschichte erzählte, erhielt sie Einlass.

Als sie zur Amtsstube des Privat-Sekretärs des Präsidenten kam, wollte dieser sie auch nicht in das Zimmer des Präsidenten lassen. Wieder erzählte sie ihre Geschichte und auch sein Herz ward gerührt, sodass er sie hinein ließ. Es waren viele Männer in der Stube: Generäle, Senatoren, Statthalter und Staatsmänner; aber der Präsident erblickte gleich das Kind, das an der Tür stand. Er wünschte zu wissen, was sie wollte, und sie ging gerade zu ihm und erzählte ihm ihre Geschichte nach ihrer eigenen Art.

Abraham Lincoln war auch ein Vater, und große Tränen flössen über seine Wangen. Er schrieb sofort einen Befehl, dass der Junge nach Washington gebracht werden sollte. Als er ankam, begnadigte ihn der Präsident, gab ihm dreißig Tage Urlaub und schickte ihn mit dem kleinen Mädchen nach Hause, um die Herzen der Eltern zu beglücken.

Willst du wissen, wie man zu Christus geht? So wie das kleine Mädchen zu Abraham Lincoln ging. Vielleicht hast du eine schlimme Geschichte zu erzählen. Sage ihm alles, halte nichts zurück. Wenn Abraham Lincoln sich des kleinen Mädchens erbarmte und seine Bitte gewährte, glaubst du, dass unser Herr Jesus dein Gebet nicht hören wird? Glaubst du, dass Abraham Lincoln, oder sonst jemand auf Erden so großes Mitgefühl hat, wie Christus? Nein! Er wird sich unserer erbarmen unter allen Umständen. Wenn du nur zu ihm gehen und deine Sünden und deine große Not bekennen willst, wird er dich erlösen.

Vor mehreren Jahren verließ ein Mann England und kam nach Amerika. Er war ein Untertan Englands; aber er wurde naturalisiert und also ein Bürger der Vereinigten Staaten.

Nach etlichen Jahren wurde er unzufrieden und reiste nach Kuba. Kurze Zeit darauf, 1867, brach dort ein Bürgerkrieg aus und er wurde von der spanischen Regierung als Spion verhaftet, vom Kriegsgericht für schuldig befunden und zum Tode verurteilt.

Die ganze Verhandlung wurde in der spanischen

Sprache geführt und so verstand der arme Mann gar nichts von dem, was vorging.

Als man ihn mit dem Urteil bekannt machte, schickte er zum amerikanischen und englischen Konsul und legte ihnen die Sache vor, bewies seine Unschuld und verlangte ihren Schutz. Sie untersuchten die Sache und befanden diesen Mann, den das spanische Gericht zum Tode verurteilt hatten, für völlig unschuldig. Sie gingen zum spanischen General und sagten: „Hören Sie! Dieser Mann, den sie zum Tode verurteilt haben, ist ein unschuldiger Mann." Aber der spanische General erwiderte: „Er wurde nach unseren Gesetzen für schuldig erklärt. Er muss sterben." Es gab damals noch keine unterseeischen Telegrafenleitungen, daher konnten sich diese Beamten nicht schnell mit ihren Regierungen beraten.

Der Morgen der Hinrichtung kam. Der Mann mit in einem Karren, auf seinem Sarg sitzend, zum Richtplatz gebracht. Ein Grab war ausgehoben. Der Sarg wurde vom Karren genommen und der junge Mann darauf gesetzt. Dann sollte eben die schwarze Kappe über sein Gesicht gezogen werden, und die Soldaten warteten bloß auf den Befehl zu feuern. In diesem Moment erschienen der amerikanische und der englische Konsul. Letzterer sprang sofort aus der Kutsche, nahm die Fahne Englands und schlang sie um den Mann. Dann nahm der amerikanische Konsul das Sternenbanner der Vereinigten Staaten und schlang es ebenfalls um ihn. Nun wandten sie sich an den spanischen Kommandanten und sagten: „Schießt auf diese Fahnen, wenn ihr es wagt!" Sie wagten es nicht — zwei große, starke Mächte standen hinter den Fahnen. Darin lag das ganze Geheimnis.

„Er führt mich in den Weinkeller, und die Liebe ist sein Zeichen über mir. Seine Linke liegt unter meinem Haupte, und seine Rechte herzt mich." (Hohelied 2, 4. 6.) Gott sei Dank, dass wir heute unter sein Zeichen kommen können, wenn wir nur wollen. Ein jeder armer Sünder kann heute darunter kommen. Sein Zeichen der Liebe ist über uns.

Seliges Evangelium! Selige, teure Kunde! Glaube sie heute; nimm sie heute in dein Herz und fange ein neues Leben an! Lass die Liebe Gottes in dein Herz ausgegossen werden durch den Heiligen Geist. Sie wird die Finsternis austreiben; sie wird die Traurigkeit austreiben; sie wird die Sünde austreiben; und Friede und Freude werden mit dir sein.

Das Tor ins Himmelreich.

„Wenn jemand nicht von Neuem geboren
wird, so kann er das Reich Gottes nicht
sehen." (Ev. Joh. 3, 3.)

Es gibt vielleicht keinen Teil der ganzen Heiligen
Schrift, den wir besser kennen als diesen einen
Spruch. Sollte ich meine Zuhörer in einer Versammlung
fragen, ob sie glauben, dass Jesus Christus uns die
Lehre von der neuen Geburt gegeben habe, würden die
meisten unter ihnen gewiss sagen: „Ja, das glaube ich."

Wenn nun die Worte unseres Spruches wahr sind,
so enthalten sie eine der wichtigsten Fragen, die uns
betreffen könnte. Es wäre besser, sich in vielen anderen Dingen zu täuschen als um dieser einen Sache.
Christus macht es uns ganz klar. Er sagt: „Wenn jemand
nicht von Neuem geboren wird, so kann er das Reich
Gottes nicht sehen" — viel weniger es ererben. Diese

Lehre von der neuen Geburt ist darum der Grund aller unserer Hoffnung für das ewige Leben. Sie ist wirklich das A-B-C der Religion Christi. Meine Erfahrung hat mir bewiesen, dass wenn ein Mensch in dieser Lehre nicht fest gegründet ist, wird er in keiner wesentlichen Lehre der Bibel sicher stehen. Ein richtiges Verstehen dieser Lehre wird einem Menschen helfen, tausend Schwierigkeiten aufzulösen, die er im Worte Gottes finden mag. Manches, das ihm vorher dunkel und rätselhaft erschien, wird ihm klar werden.

Die Lehre von der neuen Geburt wirft alle falschen Religionen, alle falschen Erörterungen der Bibel, und alle falschen Lehren von Gott um. Ein Freund erzählte mir einst, dass nach einer religiösen Versammlung ein Mann zu ihm kam und ihm eine lange Reihe Fragen vorlegte. Er hatte sie aufgeschrieben, um Antwort darauf zu bekommen, und er sagte: „Wenn Sie diese Fragen zu meiner Befriedigung beantworten, so will ich zu Jesu kommen." „Glauben Sie nicht," sagte mein Freund, „dass Sie besser erst zu Jesu kämen? Dann können Sie diese Fragen erwägen!" Der Mann dachte, dass es vielleicht besser wäre, wenn er es so mache. Nachdem er Jesus im Glauben ergriffen hatte, sah er seine Fragen wieder an, aber es schien ihm nun, als wären sie schon alle beantwortet.

Nikodemus kam mit bekümmerter Seele zu Jesu, und Jesus sagte ihm: „Ihr müsst von Neuem geboren werden." Er hatte etwas ganz anderes erwartet, aber ich wage es zu sagen, dass jene Nacht die gesegnetste seines ganzen Lebens war. „Von Neuem geboren werden" ist der größte Segen, der uns je in diesem Leben zuteilwerden kann.

Gib Acht, wie es die Heilige Schrift hat: „Es sei denn, dass jemand von Neuem geboren werde", „von oben geboren werde, vom Geist geboren werde." Aus noch manchen anderen ähnlichen Stellen möchte ich noch drei erwähnen: „Wenn ihr nicht Buße tut, werdet ihr alle ebenso umkommen." (Luk. 13, 3.) „Wenn ihr nicht umkehrt und werdet wie die Kinder, so werdet ihr nicht ins Himmelreich kommen." (Matth. 18, 3.) „Denn ich sage euch: Wenn eure Gerechtigkeit nicht besser ist als die der Schriftgelehrten und Pharisäer, so werdet ihr nicht in das Himmelreich kommen." (Matth. 5, 20.) Diese Stellen haben alle dieselbe Bedeutung.

Ich bin immer dankbar, dass unser Heiland von dieser neuen Geburt zu diesem Obersten unter den Juden, diesem Rechtsgelehrten, und nicht zum Weib bei dem Brunnen in Samaria, noch zu Matthäus dem Zöllner, noch zu Zachäus sprach. Andernfalls hätte man gesagt: „Jawohl, diese Zöllner und Huren müssen von Neuem geboren werden; aber ich bin ein gerechter Mensch, ich muss nicht von Neuem geboren werden." Nikodemus aber war einer der besten Menschen in Jerusalem, man konnte ihm nichts Schlechtes nachsagen.

Ich glaube, es wäre kaum nötig zu beweisen, dass wir von Neuem geboren werden müssen, ehe wir wert sind, in den Himmel einzugehen. Ich wage es, zu sagen, dass kein aufrichtiger Mensch sagen würde, er sei bereit für das Himmelreich, bis er in einem anderen Geist neu geboren werde.

Die Bibel lehrt uns und unsere Erfahrung bestätigt es, dass der Mensch seiner Natur nach verloren und strafwürdig ist. Wir wissen auch, wie bald der beste und heiligste Mensch in Sünde verfällt, wenn er sich von Gott abwendet.

Nun will ich auch sagen, was die Wiedergeburt nicht heißt. Sie heißt nicht in die Kirche gehen. Ich treffe öfter Leute und frage sie, ob sie Christen sind. „Ja, gewiss; wenigstens glaube ich, dass ich es bin, ich gehe doch jeden Sonntag in die Kirche." Ja, aber das ist nicht die Wiedergeburt. Andere sagen: „Ich versuche immer, recht zu tun, bin ich nicht ein Diener Christi? Ist das nicht wiedergeboren zu sein?" Nein! Was hat das denn damit zu tun? Noch eine Klasse gibt es, die „eine neue Seite aufgeschlagen haben" und denken, damit von Neuem geboren zu sein. Nein, — einen neuen Entschluss zu fassen ist keine Wiedergeburt.

Es wird dir auch nichts helfen, getauft zu werden. Doch hört man oft Leute sagen: „Ich bin aber doch getauft, und ich wurde bei der Taufe von Neuem geboren." Sie glauben, dass man sie bei der Kirchentaufe auch ins Himmelreich getauft hat. Ich sage dir aber, dass das rein unmöglich ist. Man kann dich in die Kirche taufen und doch nicht in den Sohn Gottes.

Die Taufe ist ganz gut an ihrem Platz, — Gott verhüte, dass ich etwas gegen sie sage! Aber wenn man sie statt der Wiedergeburt aufstellt, so ist es ein furchtbarer Irrtum. Du kannst nicht ins Himmelreich getauft werden. „Wenn jemand nicht von Neuem geboren wird, so kann er das Reich Gottes nicht sehen." Wenn man das liest und seine Hoffnung auf etwas anderes setzt—auf einen anderen Grund baut — so bete ich zu Gott, dass Er es wegreiße. Wieder andere sagen: „Ich gehe öfter zum heiligen Abendmahl; ich nehme regelmäßig am

Sakrament teil." Löblicher Brauch! Jesus sagt, dass ihr seinen Tod verkündigt, sobald ihr es tut. Aber auch das ist nicht „von Neuem geboren werden," nicht vom Tod zum Leben hindurchdringen.

Jesus sagt ganz deutlich, so deutlich, dass man sich nicht darin irren kann: „Wenn jemand nicht von Neuem geboren wird, so kann er das Reich Gottes nicht sehen."

Was hat ein Sakrament damit zu tun? Oder was hat das bloße in-die-Kirche-gehen damit zu tun?

Noch einer kommt und sagt: „Ich bete jeden Tag." Und wieder sage ich, das heißt nicht „vom Geist geboren werden." Es ist also eine notwendige Frage, die vor uns liegt; sodass sich jeder Leser selbst ernsthaft und aufrichtig fragen möchte: „Bin ich von Neuem geboren?" „Bin ich vom Geist geboren?" „Bin ich vom Tod zum Leben gekommen?"

Eine andere Klasse Leute sagt, dass besondere religiöse Versammlungen sehr nötig seien für eine gewisse Klasse Menschen. Sie wären sehr gut, wenn man den Trunkenbold, den Gauner, oder sonstige böse Menschen hineinführen könnte, das würde viel Gutes bewirken; aber „wir müssen nicht reformiert werden."

Zu wem sprach Jesus diese Worte der Weisheit? Zu Nikodemus. Und wer war denn dieser Nikodemus? War er ein Trunkenbold? Oder ein Gauner? Oder ein Dieb? Nein, gewiss nicht; er war einer der besten Menschen in Jerusalem; er gehörte zum großen Rat der Siebzig; er war ein rechtgläubiger Israelit, ein bodenständiger Mann. Und doch, was sagte Jesus zu ihm? „Wenn jemand nicht von Neuem geboren wird, so kann er das Reich Gottes nicht sehen."

Aber ich höre einen sagen: „Was muss ich denn tun?" Ich kann doch das Leben nicht schaffen. Ich kann mich nicht selbst erlösen." Natürlich kannst du das nicht — und wir sagen auch nicht, dass du es kannst. Wir sagen, dass es rein unmöglich ist, jemanden besser zu machen ohne Christus; und doch möchten die Menschen das immer tun. Sie versuchen, diesen „alten Adam" in uns zu bessern. Aber – da muss es eine neue Schöpfung geben. Die Wiedergeburt nun ist eine neue Schöpfung, und weil sie das ist, muss sie auch Gottes Werk sein. Im ersten Kapitel des ersten Buches Moses erscheint der Mensch gar nicht. Außer Gott ist niemand da. Der Mensch ist nicht hier, um teilzunehmen. Als Gott die Welt erschuf, war er allein — als Christus die Welt erlöste, war er allein.

„Was aus dem Fleisch geboren ist, das ist Fleisch; und was aus dem Geist geboren ist, das ist Geist." (Joh. 3, 6.) Der Mohr kann seine Haut nicht verwandeln, noch der Leopard seine Flecken. Ebenso wenig kannst du ohne Gottes Hilfe rein und fromm werden. Ein Mann könnte gerade so leicht über den Mond springen, als Gott im Fleisch zu dienen. Darum, „Was aus dem Fleisch geboren ist, das ist Fleisch; und was aus dem Geist geboren ist, das ist Geist."

„Denn was sagt die Schrift? Dem aber, der mit Werken umgeht, wird der Lohn nicht aus Gnade zugerechnet, sondern weil er ihm zusteht. Dem aber, der nicht mit Werken umgeht, aber an den glaubt, der den Gottlosen gerecht macht, dem wird sein Glaube gerechnet zur Gerechtigkeit." (Röm. 4,3-5.)

Wir wirken, weil wir erlöst sind, aber nicht, um

erlöst zu werden. Wir streben von dem Kreuz, nicht nach ihm. Es steht geschrieben: „Schaffet, dass ihr selig werdet, mit Furcht und Zittern. (Phil. 2, 12.) Aber du musst deine Seligkeit erst erhalten, ehe du sie schaffen kannst. Sage ich zu meinem kleinen Jungen: „Hier sind hundert Taler, wende sie gut an." — „Nun", sagt er, „gib mir nur die hundert Taler und dann will ich mir Mühe geben, sie gut anzuwenden." Ich erinnere mich noch an die Zeit, als ich zum ersten Mal von zu Hause fortging, um nach Boston zu gehen. Ich hatte all mein Geld verbraucht und so ging ich jeden Tag dreimal zur Post. Ich wusste sehr gut, dass die Post nur ein Mal am Tag kam, aber ich hoffte immer auf einen Brief. Endlich kam einer von meiner kleinen Schwester. Oh, wie freute ich mich darüber! Sie hatte gehört, dass es viele Taschendiebe in Boston gab, und ein großer Teil des Briefes handelte davon. Ich sollte aufpassen, dass niemand meine Taschen beraube. Aber ich dachte, ich müsste doch erst etwas in meiner Tasche haben, ehe man mich berauben könnte! Gerade so musst du die Seligkeit erst besitzen, ehe du sie schaffen kannst.

Als Jesus am Kreuze ausrief: „Es ist vollbracht!", meinte er, was er sagte. Was die Menschen jetzt bloß zu tun haben, ist, das Werk Jesu Christi anzunehmen. Es gibt keine Hoffnung für die Menschen, so lange sie versuchen, ihre Seligkeit selbst zu schaffen. Ich kann mir denken, dass einige Leute sagen—wie vielleicht Nikodemus auch einst gesagt hat: „Das ist eine sehr merkwürdige Sache." Ich kann mir sogar den mürrischen Blick des Pharisäers vorstellen, als er sagte: „Wie mag solches zugehen?" Es klang ganz merkwürdig in seinen Ohren: „Von Neuem geboren werden! Vom Geist geboren werden! Wie mag solches zugehen?" Manche sagen: „Du musst es unserer Vernunft erklären; wenn du das nicht kannst, dann fordere auch nicht, dass wir daran glauben." Nun, wer das fordert, dem sage ich ganz offen, dass ich das nicht kann. „Der Wind bläst, wo er will, und du hörst sein Sausen wohl; aber du weißt nicht, woher er kommt und wohin er fährt. So ist ein jeder, der aus dem Geist geboren ist." (Joh. 3, 8.) Ich kann den Wind nicht verstehen. Du forderst, dass ich es der Vernunft erkläre, aber das kann ich nicht.

Vielleicht bläst der Wind hier gerade nördlich, und hundert Meilen von hier südlich, und einige hundert Fuß höher bläst er vielleicht in einer ganz anderen Richtung. Du forderst, dass ich diese Windzüge erkläre; nun denke dir mal, weil ich das nicht kann, indem ich sie nicht verstehe, dass ich auf meinen Stand behaupten sollte: „Es gibt ja keinen Wind." Ich kann mir vorstellen, dass ein kleines Mädchen da sagen würde: „Ich weiß mehr davon als der Mann, ich habe den Wind oft gehört, und ihn auf meinem Gesicht gefühlt, und war es nicht der Wind, der mir neulich meinen Regenschirm aus der Hand riss, und habe ich es nicht gesehen, wie er einem Mann den Hut vom Kopf nahm, und habe ich nicht gesehen, wie er die Bäume im Walde umweht und das Korn auf dem Felde?"

Du könntest mir gerade so gut sagen, dass es keinen Wind gibt, als dass ein Mensch nicht vom Geist geboren werden kann.

Ich habe so deutlich gefühlt, wie der Geist Gottes in meinem Herzen schaffte, als ich den Wind in meinem Gesicht gespürt habe. Ich kann es nicht erklären. Es gibt noch viele andere Dinge, die ich auch nicht erklären kann. Ich könnte nie die Schöpfung erklären. Ich kann die Welt sehen, aber ich kann dir nicht sagen, wie Gott sie aus dem Nichts gemacht hat.

Doch wird wohl jedermann anerkennen, dass sie durch eine schöpfende Macht entstanden ist.

Und noch andere Dinge gibt es, die ich weder erklären noch beweisen kann und sie doch glaube.

Ich hörte einen Reisenden sagen, dass er gehört habe, dass der Dienst und die Religion Christi Sachen der Offenbarung, nicht der Erfahrung wären. „Da es Gott wohl gefiel, offenbarte er seinen Sohn in mir". So sagt der Apostel Paulus. (Gal. 1,15-16.),

Mehrere junge Männer gingen einst zusammen aufs Land. Auf der Reise nahmen sie sich vor, nichts zu glauben, was sie nicht erklären könnten. Ein alter Mann hörte sie so reden und bald sagte er: „Ich habe gehört, wie Sie sagten, dass Sie nichts glauben wollten, was Sie nicht erklären könnten." „Ja", sagten sie, „das ist recht." „Nun", sagte er, „als ich heute mit der Eisenbahn reiste, bemerkte ich eine Anzahl Gänse, Schafe, Schweine und Vieh, die alle im Gras weideten. Können Sie mir sagen, wie dasselbe Gras zu Federn, Wolle, Borsten und Haaren wird? Glauben Sie, dass das so vergeht?" „Jawohl", antworteten sie, „wir müssen das doch glauben, obgleich wir es nicht verstehen können." „Nun," sagte der alte Mann wieder, „so kann ich auch nicht anders, als an Jesus Christus zu glauben."

Und ich kann nicht anders, als an die Wiedergeburt der Menschen zu glauben, da ich überall Menschen sehe, die seit ihrer Bekehrung gänzlich verändert sind.

Wissen wir nicht, wie die schlechten Menschen manchmal wiedergeboren werden—aus der Tiefe herausgezogen—ihre Füße auf den Fels gestellt, und ein neues Lied in ihren Mund? Einst haben sie wider Gott geflucht und gelästert, jetzt hören sie nicht auf, ihn zu loben. Das Alte ist vergangen und alles ist neu geworden. Sie sind nicht nur verändert, sondern wiedergeboren und neue Menschen in Jesus Christus geworden.

In einer dunklen Gasse einer großen Stadt wohnt ein armer Trunkenbold. Wenn du der Hölle nahe kommen willst, so brauchst du nur in das Haus eines solchen zu gehen. Könnte man auf Erden ein besseres Abbild der Hölle finden? Sieh nur, wie Not und Elend dort herrschen! Aber horch! Schritte nähern sich der Tür, die Kinder laufen, um sich zu verstecken — bloß die langmütige Frau bleibt, ihrem Mann gegenüberzutreten — ihm, der ihr zur Qual geworden ist. Wie oft hat sie die Zeichen seiner Schläge wochenlang getragen—wie oft ist seine schwere rechte Hand auf ihr wehrloses Haupt gefallen! Jetzt erwartet sie wieder, seine fürchterlichen Flüche zu hören und seine unmenschliche Behandlung ertragen zu müssen. Er tritt ein, und was sagt er? „Ich komme gerade von einer religiösen Versammlung, und da habe ich gehört, dass, wenn ich nur will, ich mich bessern kann. Ich glaube jetzt, dass Gott mich erlösen kann."

Gehe nach einigen Wochen wieder in jenes Haus —welche Veränderungen wirst du finden! Du hörst Gesang — nicht das Lied des Trunkenboldes, — sondern ein schönes Kirchenlied. Die Kinder fürchten sich nicht mehr; sieh nur, wie sie so freudig um ihn stehen. Und die Frau? Sie ist auch da, und Freude strahlt aus ihrem Angesicht! Ist das nicht ein Bild der Wiedergeburt? Und noch zu vielen anderen Häusern könnte ich dich führen, wo die Religion Jesu Christi neues Glück und Segen gebracht hat. Was die Menschen brauchen, ist Kraft, die Versuchung zu überwinden, Kraft, ein neues Leben zu führen.

Es gibt bloß einen Weg, auf dem du in das Reich Gottes kommen kannst — der, der zur „Wiedergeburt" führt. Das Gesetz hierzulande fordert, dass der Präsident in diesem Lande geboren sein muss. Kommen Ausländer zu uns, so haben sie doch kein Recht, gegen ein Gesetz zu klagen, das ihnen verbietet, Präsident zu werden. Gerade so hat Gott auch das Recht, ein Gesetz zu machen, dass alle, die Erben des ewigen Lebens werden wollen, in seinem Reich „geboren" sein müssen.

Ein nicht bekehrter Mensch wäre lieber in der Hölle als im Himmel. Könntest du einen Mann nehmen, dessen Herz mit Verderbtheit und Gottlosigkeit erfüllt ist und ihn in den Himmel unter die Frommen und Heiligen bringen? Er würde gar nicht dort bleiben wollen. Ganz gewiss ist es, wenn wir im Himmel glücklich werden wollen, müssen wir schon auf Erden anfangen, einen Himmel zu schaffen. Der Himmel ist eine Stätte, bereitet für Menschen, die für ihn bereit sind. Sollte man einen Gauner oder Gotteslästerer von den Straßen irgendeiner großen Stadt nehmen und ihn auf den kristallenen Straßen des Himmels niedersetzen im Schatten des Baums des Lebens, würde er wohl sagen: „Hier mag ich nicht bleiben." Wenn die Menschen in den Himmel kämen, ehe sie von Herzen neu geboren wären, so könnte noch eine Empörung im Himmel stattfinden. Der Himmel wird bewohnt von denen, die zweimal geboren sind.

Im Johannes 3, 14-15 lesen wir: „Und wie Mose in der Wüste die Schlange erhöht hat, so muss der Menschensohn erhöht werden, auf dass alle, die an ihn glauben, das ewige Leben haben."

„Oh!" Merke dir dieses Wort! Lass mich dir sagen, dir, der du bisher nicht erlöst bist, was Gott für dich getan hat. Er hat alles getan für deine Erlösung. Du brauchst nicht zu warten, bis Gott noch mehr tut. An einer Stelle fragt er: „Was sollte man doch mehr tun, das ich nicht getan habe?" (Jesaja 5, 4.) Er hat seine Propheten gesandt, und sie wurden erschlagen; dann hat er seinen lieben Sohn gesandt, und sie haben ihn getötet. Jetzt sendet er den Heiligen Geist, dass er uns von unseren Sünden überzeugt und uns zeigt, wie wir erlöst werden können.

In diesem Kapitel wird uns gesagt, wie die Menschen erlöst werden; nämlich durch Den, der am Kreuze erhöht wurde. Gerade wie Moses in der Wüste die Schlange erhöht hat, so muss des Menschen Sohn erhöht werden, „auf dass alle, die an ihn glauben, nicht verloren werden, sondern das ewige Leben haben." Es gibt Menschen, welche klagen, dass es ganz unvernünftig sei, sie verantwortlich zu halten für die Sünden eines Mannes, der vor sechstausend Jahren gelebt hat. Es ist nicht lange her, seit ein Mann mit mir sprach wegen dieser „Ungerechtigkeit", wie er sagte. Wenn ein Mann denkt, dass er Gott so antworten kann, so sage ich dir, es wird ihm nicht helfen. Wenn du verloren gehst, geschieht es nicht wegen Adams Sünde. Ich möchte dir ein Beispiel geben, vielleicht kannst du es dann besser verstehen.

Stell dir vor, dass ich an der Schwindsucht leide, die ich von meinem Vater oder meiner Mutter geerbt habe. Ich habe die Krankheit nicht auf mich gebracht durch eigenes Verschulden, oder durch Vernachlässigung meiner Gesundheit, ich habe sie geerbt — so wollen wir annehmen. — Nun kommt ein Freund zu mir, sieht mich an und sagt: „Moody, Sie haben die Schwindsucht." Ich antworte ihm: „Das weiß ich nur zu gut, das braucht mir niemand zu sagen." „Aber", sagt er, „es gibt doch ein Heilmittel dafür." „Das kann ich nicht glauben, mein Freund. Ich bin bei all den berühmtesten Ärzten in diesem Lande und auch in Europa gewesen, und sie alle haben mir gesagt, es gibt keine Hoffnung." „Aber Sie kennen mich, Moody; schon seit Jahren kennen Sie mich; denken Sie, ich würde Sie anlügen?" „Nein, gewiss nicht."

„Nun, vor zehn Jahren stand es sehr schlecht um meine Gesundheit. Die Ärzte sagten mir, dass ich sterben müsse; dann nahm ich diese Arznei und sie hat mich gesund gemacht. Ich bin jetzt ein völlig gesunder Mann, sehen Sie mich nur an." Ich sage, dass das „ein merkwürdiger Zufall" sei. „Ja, es kann merkwürdig sein, aber es bleibt eine Tatsache, dass mich diese Arznei gesund gemacht hat; nehmen Sie sie nur, sie wird Sie auch gesund machen. Obwohl sie mich viel gekostet hat, sollen Sie sie umsonst bekommen. Schätzen Sie sie nicht gering, ich bitte Sie!"

„Nun," sage ich, „ich möchte Ihnen gerne Glauben schenken; aber es geht doch gegen alle Vernunft."

Da mein Freund das hört, geht er fort und kommt

bald zurück mit einem anderen Freund, der mich desselben versichert. Ich bin aber noch immer ungläubig; so geht er fort und bringt noch einen Freund, und noch einen, und noch einen, und noch einen, und sie alle versichern mir dasselbe. Sie sagen, sie sind so krank gewesen wie ich, aber sie haben alle dieselbe Arznei genommen, die mir dargeboten wird, und sind dadurch gesund geworden. Dann reicht mir mein Freund die Arznei. Ich aber werfe sie weg, ich kann nicht an ihre heilende Kraft glauben — ich sterbe. Die Ursache liegt darin, dass ich das Heilmittel verachtete.

Gerade so, wenn du verloren gehst, geschieht es nicht wegen Adams Sünde, sondern weil du das Heilmittel verachtest, das dir dargeboten wird, dich selig zu machen. Du hast die Finsternis lieber als das Licht. „Wie wollen wir entfliehen, so wir eine solche Seligkeit nicht achte?" (Heb. 2.3)

Es gibt keine Hoffnung für dich, wenn du das Heilmittel verachtest. Es hilft dir nichts, die Wunde anzusehen. Wären wir im Lager Israels gewesen und von einer feurigen Schlange gebissen worden, es hätte uns nichts geholfen, die Wunde anzusehen. Die Wunde ansehen, kann niemand gesund machen. Was du tun musst, ist, auf das Heilmittel zu sehen — auf ihn, der die Macht hat, dich von deiner Sünde zu erlösen.

Sieh das Heer Israel an! — Welch ein Bild steigt dir vor den Augen auf!

Viele müssen sterben, weil sie das dargebotene Heilmittel verachten. In jener dürren Wüste ist manch kleines Grab — manches Kind ist von den feurigen Schlangen gebissen worden. Hier tragen Eltern ihre

Kinder fort — dort wird gerade eine Mutter begraben — eine geliebte Mutter wird in die Erde gelegt — die Kinder stehen noch weinend um die liebe Gestalt. Überall hört man Weinen — überall fließen heiße Tränen! Auch ein Vater wird zu seiner letzten Ruhestätte gebracht. Durch das ganze Heer geht Wehklagen. Tränen fließen um Tausende, die schon dahingeschieden sind, und noch Tausende liegen im Sterben. — Die Pest herrscht von einem Ende des Lagers bis ans andere.

In einem Zelt kann ich eine Mittler sehen, wie sie sich über einen geliebten Sohn beugt. Er hatte gerade die Blüte des Lebens erreicht, und stand am Anfang des Mannesalters. Sie wischt den Todesschweiß von seiner Stirn. Bloß noch eine kurze Zeit und seine Augen werden starr, sein Leben wird bald erlöschen.

Das Mutterherz bebt vor Angst und Schmerz. Auf einmal hört sie einen großen Lärm im Heer. Ein Freudengeschrei erhebt sich. Was kann das heißen? Sie tritt vor das Zelt. „Was meint der Lärm im Heere?" fragt sie; und jemand antwortet: „Meine gute Frau, habt ihr die gute Kunde noch nicht gehört, die zum Heer gekommen ist?" „Nein," sagt die Frau. „Gute Kunde? Was kann das sein?" „Ihr habt noch nichts davon gehört? Gott hat uns ein Heilmittel bereitet." „Was! Für die gebissenen Israeliten? O sagt mir doch, was das Heilmittel ist!" „Gott hat Moses eingegeben, eine eherne Schlange zu machen und sie auf einer Stange mitten im Heer aufzurichten; und dazu hat er versprochen, dass alle, die zu ihr aufsehen, leben sollen. Das Geschrei, das ihr hört, ist das Freudengeschrei der Leute, wenn sie zur Schlange aufsehen." Die Mutter geht in ihr Zelt zurück und sagt: „Mein Sohn, ich habe dir etwas Gutes zu sagen, du brauchst nicht zu sterben! Mein Sohn, mein lieber Sohn, ich komme, dir große Freude zu verkündigen, du kannst leben!" Schon ist er betäubt, längst ist er so schwach, dass er nicht zur Türe gehen kann. Sie legt ihre starken Arme unter ihn und hebt ihn auf. „Sieh' dorthin, — dort, gerade unten am Berg!" Aber der Junge sieht gar nichts, er sagt: „Ich kann gar nichts sehen; was ist es, Mutter?" Und sie sagt: „Sieh' nur hin, du wirst es bald erblicken." Schließlich streift sein Blick die glänzende Schlange, und siehe, er ist gesund!

Gerade so geht es mit manchen jungen Bekehrten. Manche Leute sagen: „O, wir glauben nicht an solche plötzlichen Bekehrungen." Wie lange dauerte es, den Jungen zu heilen? Wie lange dauerte es, die gebissenen Israeliten gesund zu machen? Nur ein Blick, und sie waren gesund!

Der junge Hebräer ist ein junger Bekehrter. Ich denke mir, ich kann ihn sehen, wie er allen, die mit ihm sind, zuruft, Gott zu loben. Bald sieht er einen jungen Mann, der gebissen ist, gerade wie er es war; er läuft schnell zu ihm und sagt: „Du brauchst nicht zu sterben!" „O", antwortet der junge Mann, „ich kann nicht leben, es ist nicht möglich. Es ist kein Arzt in Israel, der mich heilen könnte." Er weiß noch nicht, dass er nicht sterben muss. „Hast du die Kunde noch nicht gehört? Gott hat uns ein Heilmittel bereitet!" „Was für ein Mittel?" „Gott hat Moses eingegeben, eine eherne Schlange aufzurichten, und hat gesagt, dass keiner, der zur Schlange aufsieht, sterben soll." Ich kann mir den jungen Mann vorstellen.

Er weiß wohl, was man einen geistigen jungen Mann nennt. Er sagt zu dem jungen Bekehrten: ‚Du denkst doch nicht, dass ich so etwas glauben werde?' Wenn mich die Ärzte in Israel nicht heilen können, wie, denkst du, könnte es eine alte eherne Schlange auf einer Stange?" „Aber ich bin doch so krank gewesen, wie du bist." „Das kann nicht sein." „Doch." Das ist doch die merkwürdigste Begebenheit, von der ich je gehört habe", sagt der junge Mann, „könntest du mir die Philosophie erklären?" Nein, das kann ich nicht. Ich weiß nur, dass, sobald ich zu der Schlange aufsah, war ich geheilt: das ist alles.

Ich habe sie nur angesehen; nicht mehr. Meine Mutter erzählte mir von dem Bericht, der durch das Heer ergangen war, und ich glaubte ihr und ich bin jetzt gesund." „Nun, ich denke, dass du nicht so schlimm gebissen wurdest wie ich." Der junge Mann streifte seinen Ärmel hoch. „Siehe da! Das Mal zeigt dir, wo ich gebissen wurde, und ich sage dir, ich war noch schlimmer dran als du." „Aber wenn ich es mir nur der Philosophie nach erklären könnte! Dann möchte ich aufsehen und gesund werden." „Lass doch deine Philosophie! Sieh auf und lebe!" „Du forderst aber, dass ich etwas Unvernünftiges tun soll. Hätte Gott gesagt: „Nimm das Erz und reibe deine Wunde damit ein, da könnte etwas in dem Erz sein, das die Wunde heilt. Junger Mann, du musst es mir der Philosophie nach erklären." Ich habe öfter welche erlebt, die so geredet haben. Aber der junge Mann ruft noch einen herbei und nimmt ihn mit ins Zelt und sagt:

„Sag ihm, wie der Herr auch dich gerettet hat", und er erzählt dieselbe Geschichte, und er ruft noch andere, und sie alle sagen dasselbe.

Dann sagt der junge Mann: „Es bleibt trotzdem ein ganz merkwürdiges Ding. Hätte der Herr zu Moses gesagt, er solle hinausgehen und Kräuter und Wurzeln sammeln und sie kochen, dann die Brühe als Arznei nehmen, da wäre es zu verstehen. Aber es ist doch so gegen alle Natur, eine Schlange anzusehen, dass ich es nicht tun kann." Am Ende kommt noch seine Mutter; sie ist draußen im Heere gewesen und sie sagt: „Mein Sohn, ich habe dir das Allerbeste zu sagen. Ich bin eben im Lager gewesen und da habe ich Hunderte gesehen, die sehr krank waren, aber jetzt sind sie alle wieder völlig gesund." Der junge Mann sagt: „Ich möchte doch gerne gesund werden, es ist ein schmerzlicher Gedanke, dass ich sterben muss, ich möchte gerne ins gelobte Land kommen und es ist schrecklich, hier in dieser Wüste zu sterben; es bleibt aber dabei, ich kann ein solches Mittel nicht begreifen, es ist ganz gegen meine Vernunft. Ich kann nicht glauben, dass ich so in einem Augenblick gesund werden könnte." Und so stirbt der junge Mann, weil er ungläubig blieb.

Gott hatte den gebissenen Israeliten ein Heilmittel bereitet: „Sieh auf und lebe!" Gerade so gibt er jedem armen Sünder das ewige Leben. Sieh auf, und du wirst selig werden, mein lieber Leser, noch zur gleichen Stunde. Gott hat ein Mittel bereitet und es wird allen dargeboten. Aber es gibt immer zu viele Leute, die bloß die Stange ansehen. Sieh' die Stange nicht an — die ist die Kirche. Du brauchst die Kirche nicht ansehen.

Die Kirche ist ganz gut, aber die Kirche kann dich nicht selig machen. Sieh weiter als die Stange; sieh den Gekreuzigten an — schaue nach Golgatha Bedenke immer, du Sünder, dass Jesus für dich gestorben ist. Du brauchst auch die Geistlichen nicht ansehen, sie sind bloß Gottes erwählte Diener, das Heilmittel in die Höhe zu heben, Christus zu erheben. Darum, meine Lieben, wendet eure Augen von den Menschen ab, wendet sie von der Kirche ab, und schaut auf zu Jesu, der die Sünde der Welt getragen hat, und von der Stunde an werdet ihr das Leben haben.

Gott sei Dank! Wir müssen nicht belehrt werden, wie man sehen kann. Das kleine Mädchen, der kleine Knabe, bloß vier Jahre alt, die nicht lesen können, wissen doch, wie man sieht. Kommt der Vater nach Hause, so sagt die Mutter zu ihrem kleinen Sohn: „Sieh mal! Sieh mal!" und das kleine Kind lernt aufzusehen, lange ehe es ein Jahr alt ist. Und so musst du erlöst werden. Du musst Gottes Lamm ansehen, „welches der Welt Sünde trägt", und jeder, der nur sehen will, wird das Leben empfangen.

Manche Leute sagen: „Wenn ich nur wüsste, wie ich selig werden kann!" Glaube nur, was Gott sagt, und vertraue Christus noch heute — in dieser Stunde, in diesem Augenblick. Er wird dich selig machen, wenn du ihm nur vertrauen willst.

Ich meine ich höre jemand sagen: „Ich fühle den Biss nicht so stark, als es sein könnte. Ich weiß, dass ich ein Sünder bin, und was das bedeutet, aber ich fühle den Biss nicht genug." Wie sehr, meinst du, dass Gott will, dass du ihn fühlen sollst?

Als ich einst in Belfast war, kannte ich einen Arzt, der einen Freund hatte, welcher ein berühmter Wundarzt war. Er erzählte mir, dass der Wundarzt vor einer Operation immer zu seinem Patienten sagte: „Nun, sehen Sie die Wunde recht an und dann heften Sie Ihre Augen auf mich, und nehmen Sie sie nicht wieder ab, bis ich fertig bin." Ich dachte dann, welch ein gutes Beispiel das sei. Du Sünder, sieh deine Wunde nur recht an und dann hefte deine Augen auf Christus und nimm sie nicht wieder ab. Es ist viel besser, auf das Heilmittel zu sehen, als auf die Wunde. Sieh nur, was für ein elender Sünder du bist; dann schaue auf das Lamm Gottes, „welches der Welt Sünde trägt." Er ist für die Gottlosen und Sünder gestorben. Sage nur: „Ich will ihn annehmen!" Und möge Gott dir helfen, deine Augen zu heben zum Retter auf Golgatha. Und gerade wie die Israeliten die Schlange ansahen und geheilt wurden, so mögest du im Glauben zu ihm aufsehen und leben.

Nach der Schlacht um Pittsburgh war ich in einem Krankenhaus in Murfreesboro. Um Mitternacht weckte man mich auf und sagte mir, dass ein Mann in einem anderen Zimmer mich sehen möchte. Als ich zu ihm kam, nannte er mich „Kaplan" (der ich jedoch nicht war) und sagte, er möchte, dass ich ihm sterben helfe. Ich erwiderte: „Ich würde Sie gerne in meine Arme nehmen und in das Reich Gottes tragen, wenn ich nur könnte; aber ich kann das nicht, ich kann Ihnen nicht sterben helfen!" Und er fragte: „Wer kann es denn?" Ich antwortete: „Der Herr Jesus kann es, er ist gerade zu diesem Zwecke gekommen." Er schüttelte den Kopf und sagte: „Er kann mich nicht selig machen, mein Leben lang habe ich gesündigt." Darauf antwortete ich ihm: „Aber er ist gekommen, um die Sünder selig zu machen." Ich dachte an seine Mutter im Norden und weil sie gewiss wollte, dass er in Frieden sterben könnte, entschloss ich mich, bei ihm zu bleiben. Ich betete einige Mal und sagte ihm so viele Verheißungen aus der Bibel, wie ich konnte, denn ich erkannte deutlich, dass er in wenigen Stunden sterben würde. Ich sagte, ich möchte ihm von einer Unterhaltung vorlesen, die Christus einst mit einem Manne hatte, der auch um seine Seele bekümmert war.

Ich schlug das dritte Kapitel Johannes auf. Seine Augen waren auf mich geheftet, und als ich zum 14. und 15. Vers kam— die Stelle, die jetzt vor uns liegt — nahm er die Worte auf: „Und wie Moses in der Wüste eine Schlange erhöht hat, also muss des Menschen Sohn erhöht werden, auf dass alle, die an ihn glauben, nicht verloren werden, sondern das ewige Leben haben."

Er unterbrach mich und sagte: „Steht das so da?" Ich antwortete: „Gewiss." Dann bat er mich, es noch einmal zu lesen, und ich tat es. Er stützte seine Arme auf sein Bett und mit gefalteten Händen sagte er: „Das ist gut, möchten Sie es wohl noch einmal lesen?" So las ich es zum dritten Mal, und dann weiter bis zu Ende des Kapitels. Als ich fertig war, hatte er die Augen geschlossen, die Hände gefaltet und ein Lächeln lag auf seinem Angesicht. Wie war es so erleuchtet! Was für eine Veränderung war mit ihm vorgegangen! Ich sah, wie es um seinen Mund zuckte, und als ich mich über ihn beugte, hörte ich ihn leise flüstern: „Wie Moses in der Wüste eine Schlange erhöht hat, also muss des Menschen Sohn erhöht werden, auf dass alle, die an ihn glauben, nicht verloren werden, sondern das ewige Leben haben." Dann öffnete er die Augen und sagte: „Das ist genug, lesen Sie nicht weiter." Er lebte noch ein paar Stunden, währenddessen sein Gemüt mit diesen zwei Versen bewegt war, und dann ist er heim gefahren im Wagen Christi, seinen Platz im Reiche Gottes einzunehmen.

Christus hat zu Nikodemus gesagt: „Wenn jemand nicht von Neuem geboren wird, so kann er das Reich Gottes nicht sehen." Du kannst viele Länder sehen, aber es bleibt immer ein Land, das Land der Wonne, welches John Bunyan in einem Traum sah, das wirst du nie sehen, wenn du nicht durch Christus von Neuem geboren wirst. Du kannst um dich schauen und viele schöne Bäume sehen, aber den Baum des Lebens wirst du nie sehen, wenn deine Augen nicht durch den Glauben an den Erlöser geöffnet werden. Du kannst schöne Flüsse auf Erden sehen, du magst auf ihren Wellen dahinfahren; aber bedenke, dass deine Augen nie den Fluss sehen werden, der vom Throne Gottes ausgeht und durch den Himmel fließt, wenn du nicht von Neuem geboren wirst. Gott hat das gesagt, nicht Menschen. Du wirst das Reich Gottes nie sehen, es sei denn, dass du von Neuem geboren wirst! Du kannst die Könige und die Herren dieser Welt sehen, aber den König aller Könige, den Herrn aller Herren wirst du nie sehen, wenn du nicht von Neuem geboren wirst. Wenn du in London bist, kannst du auf den großen Turm steigen und die Krone Englands bewundern, welche sehr wertvoll ist und von Soldaten bewacht wird; aber deine Augen werden nie die Krone des Lebens sehen, wenn du nicht von Neuem geboren bist.

Du kannst die Lieder Zions hören, die man hier singt, aber eins bleibt— das Lied Moses und des Lammes — welches von keinem nicht bekehrten Menschen gehört werden kann. Seine Melodie wird nur die erfreuen, die von Neuem geboren sind. Du magst die schönsten Paläste der Welt betrachten, aber die Stätte, die Christus für dich bereitet hat, wirst du nie sehen, wenn du nicht von Neuem geboren bist. Gott hat es gesagt. Du magst unendlich viele und schöne Dinge auf Erden sehen, aber die Stadt, die Abraham aus der Ferne erblickte, und von jener Zeit an ein Gast und Fremdling wurde, wirst du nie sehen, es sei denn, du wirst von Neuem geboren. (Hebr. 11,8, 10—16.) Du magst auf Erden noch öfter zu Hochzeitsfeierlichkeiten eingeladen werden; aber der Hochzeit des Lammes kannst du nicht beiwohnen, wenn du nicht von Neuem geboren wirst. Gott hat das gesagt, mein lieber Freund.

Heute Abend magst du das Gesicht deiner frommen Mutter noch ansehen, und du weißt, mit welchem Anliegen sie für dich betet; aber es kommt die Zeit, da du sie nie wieder sehen kannst, außer du wirst von Neuem geboren.

Vielleicht bist du, lieber Leser, ein junger Mann, und hast neulich am Sterbebett deiner Mutter gestanden, und vielleicht hat sie zu dir gesagt: „Treffe mich dereinst im Himmel an", und du hast es ihr versprochen. Du wirst sie aber nie wieder sehen, wenn du nicht von Neuem geboren wirst. Ich glaube Jesus von Nazareth, und nicht jenen Ungläubigen, die dir sagen, du brauchst nicht wiedergeboren zu werden.

Ihr Eltern, wenn ihr hofft, eure Kinder, die der Tod euch genommen hat, einst wiederzusehen, so müsst ihr vom Geist geboren werden. Vielleicht bist du ein Vater oder eine Mutter, und ihr habt neulich ein liebes Kind zu Grabe getragen; wie traurig kommt es euch nun im Hause vor! Und ihr werdet euer Kind nie wieder sehen, wenn ihr nicht von Neuem geboren werdet. Vielleicht spreche ich jetzt zu einem Vater oder einer Mutter, deren Liebling jetzt da oben ist. Könntet ihr seine süße Stimme hören, sie würde euch sagen: „Kommt hier her!" Hast du einen seligen Freund da oben? Junger Mann, junges Mädchen, habt ihr nicht eine Mutter in der Welt des Lichts? Könntet ihr sie sprechen hören, würde sie euch nicht zurufen: „Komme hier her, mein Sohn! Komme hier her, meine Tochter!"? Wenn du sie je wieder sehen willst, musst du von Neuem geboren werden.

Wir alle haben dort oben einen älteren Bruder. Fast neunzehnhundert Jahre sind verflossen, seit er hinübergegangen ist, und vom himmlischen Strande aus ruft er uns zum Himmel. Lasst uns der Welt den Rücken kehren. Lasst uns der Welt ein taubes Ohr zuwenden. Lasst uns aufsehen zu Jesu, dem Gekreuzigten, und selig werden! Dann werden wir ihn auch einst als König der Ehren in seiner Herrlichkeit im Himmel sehen und ewig bei ihm sein.

Das dritte Kapitel.

Die zwei Klassen.

„Es gingen zwei Menschen hinauf in den
Tempel, um zu beten." (Ev. Luk. 18, 10.)

Ich werde jetzt von zwei Klassen Menschen reden:
Zur ersten Klasse gehören diejenigen, welche die
Notwendigkeit eines Erlösers bislang nicht erkannt
haben, die sich vom Geiste noch nicht von ihren Sünden
haben überzeugen lassen. Zur zweiten Klasse gehören
diejenigen, welche von ihren Sünden überzeugt sind
und fragen: „Was soll ich tun, dass ich selig werde?" All
in dieser Weise Fragende kann man in zwei Klassen
teilen. Sie haben entweder den Geist des Pharisäers
oder den Geist des Zöllners. Kommt ein Mann mit dem
Geiste des Pharisäers in eine religiöse Versammlung, so
kenne ich keine Stelle in der ganzen Heiligen Schrift,
die seinen Zustand besser schildert als der Spruch
(Römer 3, 10. I I.): „Da ist keiner, der gerecht ist, auch

nicht einer. Da ist keiner, der verständig ist; da ist keiner, der nach Gott fragt." Paulus spricht hier nur von
den natürlichen Menschen. „Alle sind sie abgewichen
und allesamt verdorben Da ist keiner, der Gutes tut,
auch nicht einer." (12. V.) Und im 16.-18. Vers und den
Folgenden lesen wir: „Und den Weg des Friedens kennen sie nicht. Es ist keine Gottesfurcht bei ihnen. Wir
wissen aber: Was das Gesetz sagt, das sagt es denen, die
unter dem Gesetz sind, auf dass jeder Mund gestopft
werde und alle Welt vor Gott schuldig sei."

Dann höre ich Vers 22-23: „Denn es ist hier kein
Unterschied: Sie sind allesamt Sünder und ermangeln
des Ruhmes, den sie vor Gott haben solle." Nicht bloß
ein Teil der menschlichen Familie sind Sünder, sondern alle — „und ermangeln des Ruhmes, den sie vor
Gott haben sollen.".

Und da ist noch ein Vers, der öfter gebraucht wird,
um die Menschen von ihren Sünden zu überzeugen;
er steht in der ersten Epistel Johannes (1, 8.): „Wenn
wir sagen, wir haben keine Sünde, so betrügen wir uns
selbst, und die Wahrheit ist nicht in uns."

Ich erinnere mich noch an eine Zeit, wo wir religiöse Vorträge gehalten haben in einer Stadt im Osten
mit etwa vierzigtausend Einwohnern. Eines Tages kam
eine Dame zu mir mit dem Ersuchen, für ihren Mann
zu beten; sie wolle ihn dann auch zu einem meiner
Vorträge bringen. Ich bin schon weit gereist und habe
viele pharisäische Leute getroffen; aber dieser Mann
war so mit Selbstgerechtigkeit umgeben, dass man
nicht einmal die Spitze einer Nadel von Überzeugung
durchzwängen konnte. Ich sagte zu seiner Frau: „Es

freut mich, Ihr Vertrauen zu sehen; aber Ihrem Manne können wir gar nicht nahe kommen; er ist der selbstgerechteste Mensch, den ich je gesehen habe." Sie sagte: „Aber Sie müssen! Mein Herz würde brechen, sollten diese Vorträge zu Ende kommen und er noch unbekehrt geblieben sein!" Sie bestand darauf, ihn zu bringen, und ich war fast seines Angesichts müde.

Aber als die dreißig Vorträge beinahe zu Ende waren, kam er eines Abends zu mir und legte seine zitternde Hand auf meine Schulter. Der Saal, worin die Versammlungen stattfanden, war ziemlich kalt, und daneben war eine Stube, wo nur das Gas angezündet war. Er sagte zu mir: „Können Sie nicht ein paar Minuten da hinein kommen?" Ich dachte, dass er wegen der Kälte zitterte, und ich war nicht besonders geneigt, dahin zu gehen, wo es noch kälter war. Aber er sagte: - „Ich bin der allerschlechteste Mensch im Staate Vermont. Sie müssen für mich beten!" Dann dachte ich, dass er vielleicht jemand getötet, oder sonst ein großes Verbrechen begangen hatte, und ich fragte ihn: „Ist es eine besondere Sünde, die Sie quält?" Er gab zur Antwort: „Mein ganzes Leben ist eitel Sünde gewesen. Ich bin ein eingebildeter, selbstgerechter Pharisäer gewesen. Ich bitte Sie, beten Sie für mich." Er war völlig bekehrt. Ein Mensch könnte so einen Erfolg nicht vollbracht haben; der Heilige Geist aber hatte es getan. Ungefähr um zwei Uhr des Nachts ging das Licht in seiner Seele auf, und er ist durch die Geschäftsstraßen der Stadt gegangen, um zu verkündigen, was Gott für ihn getan hatte, und seit jener Zeit ist er ein höchst tätiger Diener Jesu Christi geblieben.

Noch vier Stellen in der Heiligen Schrift gibt es, die Christus selbst gebraucht hat, als er mit denen, die die Wahrheit erforschen wollten, zu tun hatte. „Wahrlich, wahrlich, ich sage dir: Wenn jemand nicht von Neuem geboren wird, so kann er das Reich Gottes nicht sehen." (Ev. Joh. 3,3.)

Im Evangelium Lukas 13, 3 lesen wir: „Wenn ihr nicht Buße tut, werdet ihr alle ebenso umkommen."

Im Evangelium Matthäus 18, 3., als die Jünger zu Jesu kamen, um zu wissen, wer der Größte im Himmelreich sein werde, wird uns gesagt, dass er ein kleines Kind nahm und es mitten unter sie stellte und sprach: „Wahrlich, ich sage euch: Wenn ihr nicht umkehrt und werdet wie die Kinder, so werdet ihr nicht ins Himmelreich kommen."

Und noch ein wichtiger Satz im Evangelium Matthäus (5,20.): „Denn ich sage euch: Wenn eure Gerechtigkeit nicht besser ist als die der Schriftgelehrten und Pharisäer, so werdet ihr nicht in das Himmelreich kommen."

Ein Mensch muss für den Himmel vorbereitet sein, ehe er ein Verlangen hat, hinein zu wollen. Ich möchte lieber in das Himmelreich eingehen mit dem jüngeren Bruder, als außen bleiben mit dem älteren. Der Himmel würde einem solchen zur Hölle werden. Ein älterer Bruder, der über die Heimkehr seines jüngeren Bruders unwillig und tadelsüchtig wird, anstatt sich darüber zu freuen, ist nicht bereit für das Reich Gottes. Es ist eine ernste Sache, worüber man gut nachdenken sollte. Die Tür wird geschlossen, und er bleibt draußen, während der jüngere Bruder drinnen ist. Ihm schien wohl des Erlösers Rede, unter andern Verhältnissen gesprochen, ganz passend, als er sagte: „Wahrlich, ich sage euch: Die Zöllner und Huren kommen eher ins Reich Gottes als ihr." (Matthäus 21, 31.)

Einst kam eine junge Dame zu mir, um mich um eine Gunst für ihre Tochter zu bitten. Sie sagte dabei: „Sie müssen aber wissen, dass ich bezüglich Ihrer Lehre nicht mit Ihnen übereinstimmen kann." Ich fragte sie: „Nun, was ist es denn, das Sie stört?" Sie antwortete: „Ich finde Ihre Verwerfung des älteren Bruders ganz schrecklich. Er ist doch ein sonst guter und edler Mann." Ich sagte ihr, ich möchte ihre Verteidigung gerne hören; aber es sei eine ernste Sache, einen solchen Stand einzunehmen, und dass es der ältere Bruder gerade so nötig hätte, sich zu bekehren, als der jüngere. Wenn die Leute von der Sittlichkeit reden, so wäre es gut, wenn sie den alten Vater recht ansähen, wie er dasteht und seinen Sohn, bittet, hineinzugehen.

Aber nun wollen wir die andere Klasse Leute betrachten, welche aus Menschen besteht, die von ihrer Sünde überzeugt sind und fragen, wie der Kerkermeister zu Philippus: „Was soll ich tun, dass ich selig werde?" Diesen, die so fragend ihre Reue zu erkennen geben, braucht man das Gesetz nicht vorzuhalten; es wäre besser, sie sogleich auf die Schriftstelle hinzuweisen: „Glaube an den Herrn Jesus Christus, so wirst du selig!" (Apg. 16, 31.) Viele begegnen uns mit finsterem Blick und sagen: „Ich weiß nicht, was das heißen soll, zu ‚glauben'." Und obwohl es das Gesetz des Himmels ist, dass sie glauben müssen, um selig zu werden, so wollen sie doch noch mehr wissen. Wir müssen ihnen sagen, was, und wo, und wie zu glauben.

Im Ev. Johannes 3, 35 und 36 lesen wir: „Der Vater hat den Sohn lieb und hat ihm alles in seine Hand gegeben. Wer an den Sohn glaubt, der hat das ewige Leben. Wer aber dem Sohn nicht gehorsam ist, der wird das Leben nicht sehen, sondern der Zorn Gottes bleibt über ihm."

Das sieht auch ganz vernünftig aus. Der Mensch hat das Leben durch seinen Unglauben verloren, weil er Gottes Wort nicht vertrauen wollte; und durch den Glauben empfangen wir das Leben wieder, wenn wir Gottes Wort vertrauen. In anderen Worten: Wir stehen auf, wo Adam fiel. Er stolperte und fiel über den Stein des Unglaubens, und wir werden aufgehoben und stehen aufrecht durch den Glauben. Wenn die Menschen sagen, dass sie nicht glauben können, so zeige ihnen nur dieses Kapitel und diesen Vers und halte sie immer zu diesem Einzigen: „Hat Gott sein Versprechen je gebrochen während all dieser sechstausend Jahre?" Der Teufel und die Menschen versuchen noch immer vergebens, zu beweisen, dass Gott dies eine Versprechen gebrochen hat; und es gäbe noch heute ein wahres Jubelfest in der Hölle, könnte nur ein einziges Wort, das er je gesprochen hat, gebrochen worden sein. Wenn jemand sagt, dass er nicht glauben kann, so wäre es gut, ihm diesen einen Punkt klar zu machen.

Ich kann heute Gott leichter vertrauen, als meinem eigenen Herzen: „Es ist das Herz ein trotzig und verzagt Ding; wer kann es ergründen?" (Jeremia 17, 9.) Ich kann besser an Gott glauben als an mich selbst. Wenn du den Weg zum Leben wissen willst, so glaube nur, dass Jesus Christus ein persönlicher Erlöser ist; lege alle Lehren und Glaubensbekenntnisse beiseite und gehe nur zum Herzen des Sohnes Gottes hin. Wenn du dich mit trockenen Lehren nährst, so kannst du nicht sehr von solcher Nahrung gedeihen. Lehren sind für die Seele, was die Straßen, die mich zu dem Freunde führen, der mich zu Tische geladen hat, für den Körper sind. Sie werden mich recht führen, wenn ich die rechten gehe; aber sollte ich auf der Straße bleiben, so würde mein Hunger nie gestillt. Sich an Lehren zu nähren, ist gerade, als ob man versuche, sich an trocknen Hülsen zu sättigen, und die Seele, die sich nicht am Brote nährt, das vom Himmel gesandt ist, muss in der Tat armselig bleiben.

Einer fragt: „Wie kann ich mein Herz wärmen?" Durch den Glauben. Du kannst Gott nicht lieben und dienen, bis du an ihn glaubst — du hast keine Kraft dazu.

Der Apostel Johannes sagt: „Wenn wir der Menschen Zeugnis annehmen, so ist Gottes Zeugnis größer; denn das ist Gottes Zeugnis, dass er Zeugnis gegeben hat von seinem Sohn. Wer an den Sohn Gottes glaubt, der hat dieses Zeugnis in sich. Wer Gott nicht glaubt, der macht ihn zum Lügner; denn er glaubt nicht dem Zeugnis, das Gott gegeben hat von seinem Sohn. Und das ist das Zeugnis, dass uns Gott das ewige Leben gegeben hat, und dieses Leben ist in seinem Sohn. Wer den Sohn hat, der hat das Leben; wer den Sohn Gottes nicht hat, der hat das Leben nicht." (1. Joh. 5, 9-12)

Alle menschlichen Geschäfte würden zum Stillstand kommen, sollten wir der Menschen Zeugnis nicht annehmen. Wie könnte man den gewöhnlichen Geschäftsverkehr ausführen, wenn man der Menschen

Zeugnis missachten würde? Es würde — in der Gesellschaft wie im Handel — in wenigen Tagen alles ins Stocken geraten. Das ist die Bedeutung des Apostels Ausspruch hier: „So wie die Menschen Zeugnis annehmen, so ist Gottes Zeugnis größer." Gott hat von Jesus Christus gezeugt. Und wenn der Mensch seinem Mitmenschen Glauben schenken kann, der ihn doch öfter betrügt, und den er oftmals treulos findet, warum sollte er Gottes Wort nicht vertrauen und sein Zeugnis annehmen?

Der Glaube besteht darin, dass man ein Zeugnis annimmt. Es heißt nicht, sich ins Finstere hinein stürzen, wie uns viele sagen; das wäre gar nicht zu glauben. Gott fordert nicht, dass wir glauben sollen, ohne dass er uns etwas gibt, woran zu glauben. Du könntest gerade so gut fordern, dass ein Mensch ohne Augen sehen, ohne Ohren hören, ohne Füße gehen solle, als ihn zum Glauben aufzufordern, ohne ihm etwas zu bieten, an das er glauben kann.

Ich reiste einst nach Kalifornien und versah mich mit einem Reisebuch. Das sagte mir, dass, wenn ich Illinois passiert hätte, ich über den Mississippi fahren würde, dann über den Missouri, und dann nach Nebraska kommen, sodann über das Felsengebirge zur Mormonenstadt, und über die Sierra Nevada nach San Francisco. Ich fand während der Reise alles genau so, wie das Reisebuch es beschrieb, und ich wäre doch ein schrecklich ungläubiger Mann, wenn ich gesagt hätte, nachdem sich Dreiviertel des Weges als richtig erwiesen hatten, ich würde demselben nicht weiter Glauben schenken.

Angenommen, es hat mir jemand den Weg auf die Post gezeigt und mir von zehn Landzeichen gesagt. Wie ich dahin gehe, finde ich neun gerade wie mir gesagt wurde; so habe ich doch guten Grund zu glauben, dass ich auf die Post gelangen werde.

Und wenn ich durch den Glauben neues Leben, Hoffnung, Friede und Freude, und Ruhe für meine Seele finde, wie ich sie nie vorher gehabt habe; wenn ich Selbstbeherrschung finde und Kraft, das Böse zu überwinden und das Gute zu tun, so habe ich auch feste Versicherung, dass ich auf dem rechten Wege bin, um zur Stadt zu gelangen, „die einen Grund hat, dessen Baumeister und Schöpfer Gott ist." Und wenn es immer geschehen ist, und noch immer geschieht, gerade wie es im Worte Gottes steht, so kann ich mit Recht annehmen, dass das, was noch bleibt, auch vollbracht werden wird. Und doch reden die Leute von Unglauben. Es gibt keinen wirklichen Glauben, wo man Furcht hat. Glauben heißt, Gottes Wort bedingungslos vertrauen. Es gibt auch keinen rechten Frieden, wenn man Furcht hat. „Die völlige Liebe treibet die Furcht aus." Wie unglücklich müsste eine Frau sein, könnte sie ihrem Mann nicht Glauben schenken! Wie unglücklich wäre eine Mutter, sollte ihr Sohn in die Ferne gehen, und durch seine Gleichgültigkeit ihr Ursache geben, an seiner Liebe zu zweifeln!

Wahre Liebe weiß nichts von Zweifel. Drei Sachen gehören dem Glauben unerlässlich an: man muss erst Erkenntnis haben, dann in die Erkenntnis einwilligen, und dann sie sich zu eigen machen.

Wir müssen Gott erkennen. „Das ist aber das ewige

Leben, dass sie dich, der du allein wahrer Gott bist, und den du gesandt hast, Jesus Christus, erkennen. (Ev. Johannes 17, 3.) Dann müssen wir nicht bloß in dem, was wir erkennen, einwilligen, sondern auch die Wahrheit uns zu eigen machen.

Sollte ein Mann bloß in seine Erlösung einwilligen, so könnte ihn das nicht selig machen. Er muss Christus als seinen Erlöser anerkennen, er muss ihn annehmen und ihn sich zu eigen machen.

Es gibt Leute, die sagen, sie verstehen nicht, wie der Glaube das Leben eines Menschen beeinflussen könne. Aber sollte nur jemand ausrufen, dass das Haus, in dem sie wohnen, in Flammen stehe, wie schnell würden sie ihren Glauben beweisen, indem sie aus dein brennenden Haus rennen. Unser Glauben beeinflusst uns immer. Es kann nicht anders sein. Und sobald ein Mensch das Zeugnis, das Gott von Christo gezeugt hat, glaubt, wird es sein ganzes Leben beeinflussen.

Lest nur im Ev. Johannes 5, 24. Es gibt Wahrheit genug in dem einzigen Vers, dass alle Seelen ihre Seligkeit darin finden könnten: „Wahrlich, wahrlich, ich sage euch: Wer mein Wort hört, und glaubt dem, der mich gesandt hat, der hat das ewige Leben und kommt nicht in das Gericht, sondern er ist vom Tode zum Leben hindurchgedrungen."

Wenn nun ein Mensch das Wort Jeju wirklich hört und von Herzen an Gott glaubt, der seinen Sohn gesandt hat, der Erlöser der Welt zu sein, und diese große Seligkeit annimmt und sich zu eigen macht, da gibt es keine Furcht vor dem Gericht. Er wird nicht mit Schrecken zum großen weißen Throne aufsehen.

Lesen wir doch in 1. Joh. 4,17: „Darin ist die Liebe bei uns vollendet, auf dass wir die Freiheit haben, zu reden am Tag des Gerichts; denn wie er ist, so sind auch wir in dieser Welt."

Lasst uns nur glauben, so gibt es für uns keine Verdammnis, kein Gericht. Das liegt hinter uns, es ist vorüber, und wir werden „eine Freudigkeit haben am Tage des Gerichts".

Ich erinnere mich noch, wie ich einst von einem Mann gelesen habe, der aus Leben oder Tod zum Verhör gebracht war. Er hatte mehrere Freunde, die großen Einfluss hatten, und es gelang ihnen, seine Begnadigung vom König zu gewinnen unter der Bedingung, dass er untersucht und verurteilt werde.

So ging er zum Verhör, mit seiner Begnadigung in der Tasche. Der Aufruhr gegen ihn war groß, und der Richter sagte, dass die Gerichtlichen ganz verwundert seien wegen seiner Gleichgültigkeit. Als aber das Urteil ausgesprochen war, nahm er die Begnadigung aus der Tasche, reichte sie dem Richter, und ging hinaus, ein freier Mann. Er war begnadigt, und das sind wir auch. Kommt der Tod, so fürchten wir uns nicht! Die Totengräber der ganzen Welt könnten kein Grab so tief und groß ausgraben, dass es das ewige Leben halten könnte. Die Sargfabrikanten der ganzen Welt könnten keinen Sarg so groß und fest machen, dass er das ewige Leben halten könnte. Der Tod hat seine Hand einmal auf Christus gelegt, aber er kann es nie wieder tun.

Jesus sagt: „Ich bin die Auferstehung und das Leben. Wer an mich glaubt, der wird leben, ob er gleich stürbe. Und wer da lebt und glaubt an mich, der wird nimmermehr sterben." (Ev. Johannes 11, 25-26) Und in der Offenbarung lesen wir, wie der Heiland nach seiner Auferstehung zu Johannes gesagt hat: „Ich bin der Erste und der Letzte und der Lebendige. Ich war tot, und siehe, ich bin lebendig von Ewigkeit zu Ewigkeit." (Offenbarung 1, 17-18.) Der Tod darf ihn nie wieder anrühren.

Wir empfangen das Leben durch den Glauben. Wir empfangen in der Tat viel mehr als Adam verloren hat, das neugeborene Kind Gottes ist Liebe einer viel herrlicheren und reicheren Erbschaft, als Adam im Paradies je begreifen konnte, und diese Erbschaft dauert durch alle Ewigkeit und ist auch unveräußerlich.

Ich möchte viel lieber, dass mein Leben mit Christus in Gott verborgen sei, als dass ich einst im Paradies gelebt hätte; denn Adam könnte noch gesündigt haben und gefallen sein, nachdem er zehn tausend Jahre da gewesen wäre. Der Gläubige ist weit sicherer, wenn diese Dinge ihm zur Wirklichkeit werden. Lasst uns schaffen, dass sie uns zur Wirklichkeit werden; nicht nur Erdichtung bleiben. Gott hat es gesagt, das ist genug.

Möchten wir ihm vertrauen, wenn wir ihn auch nicht erreichen können. Mag dieselbe Zuversicht mit uns bleiben, die mit dem kleinen Mädchen war, wie es in der folgenden kunstlosen und doch rührenden Erzählung steht: „Ich war ein paar Tage von zu Hause fort gewesen, und als ich wieder heimkehrte, dachte ich: ob mich meine kleine Maggie, die jetzt gerade allein sitzen kann, wohl wieder erkennen wird. Um ihre Erinnerung zu prüfen, stellte ich mich so, dass ich sie, aber sie mich nicht sehen konnte und rief mit wohlbekannter Stimme „Maggie!" Sie ließ ihr Spielzeug fallen, schaute im Zimmer herum, und dann wieder auf ihr Spielzeug. Wieder rief ich ihren Namen „Maggie!" und wieder schaute sie in der Stube herum; aber da sie des Vaters Gesicht nicht sah, wurde sie traurig und nahm ihre Beschäftigung nur langsam wieder auf. Noch einmal rief ich „Maggie!" Jetzt ließ sie wieder das Spielzeug fallen und die Arme nach der Richtung ausstreckend, woher die Stimme kam, brach sie in Tränen aus. Sie wusste, dass ihr Vater da sein müsse, obgleich sie ihn nicht sehen konnte — sie erkannte seine Stimme."

Nun, wir können sehen und hören, und wir können auch glauben. Es ist die größte Torheit, wenn solche, die zu uns kommen, um die Wahrheit zu erforschen, immer behaupten, dass sie nicht glauben können. Sie können, wenn sie nur wollen. Aber die meisten vermischen immer das Gefühl mit dem Glauben. Gefühl aber hat durchaus nichts mit Glauben zu tun. Die Bibel sagt nicht: Wer da fühlet, oder wer fühlet und glaubet; sondern: Wer da glaubet, hat das ewige Leben. Ich kann mein Gefühl nicht beherrschen. Könnte ich das, dann würde ich nie krank sein, oder Kopfweh oder Zahnschmerzen haben. Ich würde immer gesund bleiben. Aber ich kann an Gott glauben; und wenn wir die Füße auf den Felsen gesetzt haben, so mögen Zweifel und Furcht kommen, und die Wellen um uns hoch aufsteigen, der Anker wird fest halten.

Es gibt auch Leute, die ihren Glauben immer ansehen. Der Glaube ist die Hand, die den Segen nimmt. Ich habe einst folgendes Beispiel von einem Bettler gehört:

Angenommen, dass du einem Mann auf der Straße begegnest, den du schon Jahre lang als einen Bettler gekannt hast. Du bietest ihm einige Pennies, und er sollte dir sagen: „Ich danke Ihnen, aber ich bedarf Ihres Geldes nicht, ich bin kein Bettler." „Wie geht das zu?" „Gestern Abend hat mir ein Mann tausend Taler gegeben." „Hat das wirklich jemand getan? Wie wussten Sie, dass es gutes Geld war?" „Ich habe es auf die Bank gebracht, um es dort aufzubewahren, und jetzt habe ich ein Konto." „Wie haben Sie dieses Geschenk bekommen?" „Ich bat um ein Almosen, und nachdem der Herr mit mir geredet hatte, nahm er die tausend Taler aus der Tasche und legte sie in meine Hand." „Wie wissen Sie, dass er das Geld in die rechte Hand gelegt hat?" „Was macht es aus, welche Hand es war, wenn ich nur das Geld habe." Viele Leute sind immer besorgt, ob der Glaube, durch den sie Christus begreifen, auch der rechte sei; es ist weit wichtiger zu sorgen, dass wir den rechten Christus haben.

Der Glaube ist das Auge der Seele; wer würde je daran denken, sein Auge heraus zu nehmen, um zu sehen, ob es das rechte sei, so lange man vollkommen gut damit sehen kann? Es ist nicht mein Geschmack, sondern das, was ich esse, was meinen Hunger stillt. Also, liebe Freunde, müssen wir an Gottes Wort glauben, um selig zu werden. Diese Wahrheit kann man nie zu einfach machen.

Ein in New York wohnender Mann hat auch ein Haus am Hudson River. Seine Tochter und ihre Familie wollten den Winter über bei ihm verbringen, und während sie dort waren, brach das Scharlachfieber aus. Ein kleines Mädchen musste in ein abgelegenes Zimmer gebracht werden, um es von den andern fernzuhalten. Jeden Morgen kam der alte Großvater zu seiner Enkelin, um ihr „Adieu" zu sagen, ehe er seiner Beschäftigung nachging. Eines Tages nahm ihn die Kleine bei der Hand und führte ihn in einen Winkel der Stube, und ohne ein Wort zu sagen, deutete sie auf den Boden, wo sie kleine Zwiebacke so gelegt hatte, dass sie diesen Satz bildeten: „Großpapa, ich möchte gerne ein Farbenkästchen haben." Er sagte nichts dazu. Als er wieder nach Hause kam, hat er seinen Überrock aufgehangen und ist dann, wie immer, in ihre Stube gekommen. Da nimmt ihn die kleine Enkelin abermals bei der Hand und, ohne zu sehen, ob ihr Wunsch erfüllt sei, führt sie ihn wieder in den Winkel und zeigt ihm in derselben Weise diesen Satz: „Großpapa, ich danke dir für das Farbenkästchen." Der alte Mann würde auch gar nicht verfehlt haben, den Wunsch des Kindes zu erfüllen. Das war Vertrauen.

Glauben meint, dem Worte Gottes vertrauen, und die Leute, die immer ein Zeichen haben wollen, geraten auch immer in Verwirrung. Wir wollen auf dieses kommen: Gott sagt es — wir wollen daran glauben.

Andere sagen: „Der Glaube ist eine Gabe Gottes." So ist die Luft, aber du musst sie einatmen; so ist das Brot, aber du musst es essen; so ist das Wasser, aber du musst es trinken. Einige möchten ein wunderliches Gefühl empfinden. Das ist nicht glauben. „So kommt der Glaube aus der Predigt, das Predigen aber durch das Wort Christi." (Römer 10,17.) Daher kommt der Glaube. Ich muss mich nicht niedersetzen und warten, bis mich der Glaube mit wunderbaren Gefühlen beschleicht, sondern ich muss Gottes Wort annehmen. Und du kannst nicht glauben, außer du hast etwas, an das du glauben kannst. Darum nimm das Wort, wie es geschrieben steht, ergreife es und mache es dir zu eigen.

Im Ev. Johannes 16, 47. 48. lesen wir: „Wahrlich, wahrlich, ich sage euch: Wer glaubt, der hat das ewige Leben. Ich bin das Brot des Lebens." Hier habt ihr das Brot zur Hand. Nehmt es. Ich könnte tausend Laib Brote im Hause haben, und gerade so viele hungrige Menschen, die darauf warten. Sie möchten wohl zugeben, dass das Brot da sei, aber könnte nicht jeder ein Brot haben und es essen, so würden sie nicht satt werden. Also ist Christus das Brot des Lebens, und gerade so wie der Körper irdische Nahrung haben muss, um zu gedeihen, so muss die Seele sich an Christus nähren.

Ein Mann, der am Ertrinken ist, erblickt ein Seil, das man ihm zugeworfen hat; aber er muss es ergreifen, um sich zu retten, und um das zu tun, muss er alles andere los lassen. Wenn ein Mann krank ist, muss er Arznei nehmen; das bloße Anschauen derselben würde ihn nicht gesund machen. Christus zu erkennen, wird dem Sünder nicht viel helfen; er muss an ihn glauben und ihn ergreifen als seine einzige Hoffnung. Die gebissenen Israeliten könnten geglaubt haben, dass die Schlange aufgerichtet sei, aber hätten sie nicht zu ihr aufgesehen, so wären sie nicht am Leben geblieben. (4. Mose 21, 6-9.)

Ich glaube, dass ein Dampfschiff mich über den Ozean tragen kann, weil ich es schon probiert habe; aber das wird einem anderen, der auch hinüber will, nichts helfen, wenn er nicht nach meiner Erfahrung handelt. Also die Erfahrung, dass Christus lebt, wird uns nichts nützen, wenn wir nicht darnach handeln. Das ist was es meint, an den Herrn Jesus Christus zu glauben. Wir müssen nach unsern Glauben handeln. Gerade wie ein Mann ein Schiff besteigt, wenn er über das Meer will, so müssen wir Christus zu uns nehmen und ihm unsere Seelen anvertrauen. Und er hat verheißen, dass er alle halten werde, die ihm vertrauen. An den Herrn Jesus Christus zu glauben, ist nur, seinem Worte zu vertrauen.

Worte des Rates.

„Das geknickte Rohr wird er nicht zerbre-
chen." (Jesaja 42, 3. Ev. Matthäus 12, 20.)

E s ist immer gefährlich, wenn die, welche die Seligkeit
suchen, sich auf die Erfahrungen anderer stützen.
Viele warten auf die Wiederholung irgendeiner Erfahrung
ihrer Großmutter oder ihres Großvaters. Ich hatte einen
Freund, der auf einer Wiese zur Bekehrung kam, und so
denkt er, dass die ganze Stadt auf jene Wiese gehen sollte,
um da ihre Seligkeit zu finden. Ein anderer bekehrte sich
unter einer Brücke, und er glaubte, dass Ungläubige nur
an jenen Ort gehen dürften, um den Herrn zu finden.

Das Allerbeste für die Bekümmerten bleibt immer,
geradezu zum Worte Gottes zu kommen. Gibt es
Menschen hier auf Erden, denen das Wort Gottes teuer
sein sollte, so wären es gerade diejenigen, welche fragen,
wie sie selig werden können.

Zum Beispiel, ein Mann würde sagen: „Ich habe keine Kraft," so zeige ihm Römer 5, 6: „Denn Christus ist schon zu der Zeit, als wir noch schwach waren, für uns Gottlose gestorben." Gerade weil wir keine Kraft haben, weil wir so schwach sind, brauchen wir Christus. Er ist gekommen, um den Schwachen Kraft zu geben.

Noch einer sagt vielleicht: „Ich kann nicht sehen"; Christus sagt: „Ich bin das Licht der Welt." (Ev. Joh. 8, 12.) Er kam nicht bloß, um uns Licht zu geben, sondern auch „die Augen der Blinden zu öffnen." (Jesaja 42, 7.)

Noch einer sagt: „Ich glaube gar nicht, dass ein Mensch so plötzlich bekehrt werden kann."

Ein Mann, der so redete, kam eines Abends zu mir, und ich habe ihn auf das Wort gewiesen, wie es in der Epistel an die Römer steht, Cap. 6, Vers 23: „Denn der Sünde Sold ist der Tod; die Gabe Gottes aber ist das ewige Leben in Christus Jesus, unserm Herrn." Wie lange braucht man, um eine Gabe anzunehmen? Es gibt einen Augenblick, in dem du sie nicht hast – und im nächsten Augenblick hast du sie; in diesem Augenblick gehört sie noch einem anderen, im nächsten dir. Man braucht nicht sechs Monate, um das ewige Leben zu bekommen.

Vielleicht aber geht es in manchen Fällen wie mit dem Senfkorn, das am Anfang sehr klein ist. Manchmal bekehrt sich einer so allmählich, dass es geht, wie mit dem Morgenlicht; es wäre uns nicht möglich, zu sagen, wenn die Morgendämmerung genau anfing; während es mit anderen ist, wie der Blitz eines Meteors: Die Wahrheit geht plötzlich in ihm auf.

Ich könnte nicht genau sagen, wann ich mich erstmals

zum Guten bekehrte; es ist viel wichtiger, gewiss zu sein, dass es wirklich geschehen ist.

Vielleicht ist ein Kind sorgfältig in der Lehre erzogen, dass es nicht möglich wäre, genau zu sagen, wann die neue Geburt ihren Anfang hat, und doch muss es immer einen Augenblick geben, in welchem die Veränderung in ihm vorgeht, und er einen Teil der göttlichen Natur in sich aufnimmt.

Manche Leute glauben gar nicht an plötzliche Bekehrungen. Aber man zeige mir nur im Neuen Testament irgendwo eine Bekehrung, die nicht augenblicklich war. „Und als Jesus von dort wegging, sah er einen Menschen am Zoll sitzen, der hieß Matthäus; und er sprach zu ihm: Folge mir! Und er stand auf und folgte ihm." (Matthäus 9, 9.) Nichts könnte plötzlicher sein.

Zachäus, der Zöllner, wollte Christus sehen, und da er klein von Person war, ist er auf einen Baum gestiegen. Als Jesus an die Stätte kam, sah er auf zu ihm und sagte: „Zachäus, steig eilend herunter." (Ev. Lukas 19, 5.) Seine Bekehrung muss wohl geschehen sein zwischen dem Ast und der Erde. Es wird uns gesagt, dass er Jesus mit Freuden aufnahm und sagte: „Siehe, Herr, die Hälfte von meinem Besitz gebe ich den Armen, und wenn ich jemanden betrogen habe, so gebe ich es vierfach zurück." (Ev. Lukas. 19, 8.) Wie wenige Menschen können heut zu Tage so sprechen und ihre Bekehrung damit beweisen!

Kornelius mit seinem ganzen Hause bekehrte sich plötzlich; denn da Petrus noch zu ihm und seiner Gesellschaft redete, fiel der Heilige Geist auf Alle, und sie ließen sich taufen. (Apg. 10, 44. 48.)

Am Tage der Pfingsten nahmen dreitausend das Wort mit Freuden an. Sie bekehrten sich nicht bloß, sondern ließen sich auch noch an dem Tage taufen. (Apg. 2.) Und als Philippus zum Kämmerer redete, als sie auf der Straße fuhren, sprach der Kämmerer zu Philippus: „Siehe, da ist Wasser, was hindert es, dass ich mich taufen lasse?" Nichts hinderte es. Und Philippus sprach: „Glaubest du von ganzem Herzen, so mag es wohl sein." Und sie stiegen beide hinab ins Wasser, und der Gewaltige der Königin Candace in Mohrenland ließ sich taufen „und zog seine Straße fröhlich." (Apg. 8, 36-38.)

Überall in der ganzen Heiligen Schrift wirst du finden, dass die Bekehrungen immer plötzlich und augenblicklich waren.

Vielleicht hat ein Mann die Gewohnheit an sich gehabt, Geld von seinem Vorgesetzten zu stehlen. Angenommen, er habe 1000 Dollar in zwölf Monaten genommen; würden wir ihm sagen, nächstes Jahr bloß 500 Dollar zu nehmen, und noch weniger im nächsten, und im nächsten, bis er in fünf Jahren bloß 50 Dollar nehme? Das wäre gerade wie eine allmählige Bekehrung.

Sollte solch ein Mann zur Untersuchung gebracht und begnadigt werden, weil er seine Lebensart nicht auf einmal bessern konnte, man würde das ein höchst merkwürdiges Verfahren nennen.

Die Bibel sagt: „Wer gestohlen hat, der stehle nicht mehr." (Epheser 4,28.) Das heißt: „Rechts um, kehrt euch!" Oder stell dir vor, dass ein Mann gewöhnlich hundertmal während des Tages fluche, würden wir ihm sagen, am nächsten Tage bloß neunzigmal zu fluchen, am folgenden Tage achtzigmal, und so fort, bis er es nach und nach ganz lasse? Unser Heiland sagt: „Ich aber sage euch, dass ihr überhaupt nicht schwören sollt." (Ev. Matthäus 5. 34.) Ferner: Zum Beispiel ein Mann ist öfters betrunken und schlägt seine Frau, vielleicht zweimal jeden Monat; sollte er es im nächsten Monat bloß einmal tun, und dann nach 6 Monaten wieder einmal, das wäre gerade so vernünftig, als sollte einer sich allmählich bekehren. Denke nur wie es wäre, hätte Gott Ananias zu Paulo gesandt, da er auf dem Wege nach Damaskus war und „schnaubte mit Drohen und Morden wider die Jünger des Herrn", sie ins Gefängnis zu werfen, und er hätte ihm gesagt, nicht so viele zu töten, wie er es sich vorgenommen hatte, die Feindschaft in seinem Herzen allmählich zu erlöschen, aber nicht auf einmal. Denke nur, wenn er ihm gesagt hätte, es wäre gar nicht gut, auf einmal aufzuhören mit Drohen und Morden und sogleich anzufangen, Christus zu predigen, weil die Philosophen sagen möchten, dass die Veränderung so plötzlich sei, sie könnte nicht bestehen; das wäre gerade so töricht gesprochen, wie die es tun, welche sagen, sie glauben nicht an plötzliche Bekehrungen.

Eine weitere Klasse Menschen befürchtet, dass sie es nicht aushalten werden. Dies ist eine große, aber hoffnungsvolle Gruppe. Ich möchte lieber, dass ein Mensch nicht zu sehr sich selbst vertraue, als das Gegenteil.

Solche versucht man auf Gott hinzuweisen und ihnen wieder zu sagen, dass sie nicht Gott halten müssen, sondern dass Gott sie halten muss. Manche möchten gerne Christus anfassen, aber sie sorgen sich noch viel mehr darum, dass Christus sie anfasse auf ihr Gebet. Die sollten den 121. Psalm beherzigen: „Ich hebe meine Augen auf zu den Bergen, von welchen mir Hilfe kommt. Meine Hülle kommt von dem Herrn, der Himmel und Erde gemacht hat. Er wird deinen Fuß nicht gleiten lassen; und der dich behütet, schläft nicht. Siehe, der Hüter Israels schläft noch schlummert nicht. Der Herr behütet dich, der Herr ist dein Schatten über deiner rechten Hand, dass dich des Tages die Sonne nicht steche, noch der Mond des Nachts. Der Herr behüte dich vor allem Uebel; er behüte deine Seele. Der Herr behüte deinen Ausgang und Eingang von nun an bis in Ewigkeit." Diesen Psalm hat jemand den „Psalm der Wanderer" genannt. Er ist auch ein sehr schöner Psalm für diejenigen unter uns, die Wanderer durch diese Welt sind, und wir sollten ihn gut kennen.

Gott kann noch immer tun, was er vor Jahren getan hat. Er erhielt Joseph in Ägypten; Moses da er vor Pharao stand; Daniel in Babylon; und machte, dass Elia vor Ahab stehen konnte an jenem düsteren Tage. Und ich bin immer dankbar, dass jene gerade so sterbliche Menschen waren wie wir. Ihr unerschütterliches Gottvertrauen war es, das sie so groß machte. Der Mensch braucht bloß gläubig zu Gott aufzusehen, um sicher zu gehen. Der echte wahre Glaube ist, der Menschen Schwachheit auf Gottes Macht gestützt. Wenn der Mensch ganz schwach ist und stützt sich auf Gott, so wird er stark werden. Aber wir haben immer zu viel eigene Kraft und zu viel Vertrauen in uns selbst.

Lies noch Hebräer 6,17-20: „Darum hat Gott, als er den Erben der Verheißung noch kräftiger beweisen wollte, dass sein Ratschluss nicht wankt, sich noch mit einem Eid verbürgt. So sollten wir durch zwei Zusagen, die nicht wanken – denn es ist unmöglich, dass Gott mit ihnen lügt –, einen starken Trost haben, die wir unsre Zuflucht dazu genommen haben, festzuhalten an der angebotenen Hoffnung. Diese haben wir als einen sicheren und festen Anker unsrer Seele, der hineinreicht in das Innere hinter dem Vorhang. Dahinein ist Jesus als Vorläufer für uns gegangen, er, der Hohepriester geworden ist in Ewigkeit nach der Ordnung Melchisedeks."

Das sind teure Worte für solche, die befürchten, dass sie fallen werden, dass sie nicht aushalten können. Gott wird uns immer festhalten. Der Hirte muss die Schafe hüten. Wer hat je gehört, dass die Schafe den Hirten heimbringen? Die Leute sind der Meinung, dass sie sich und auch Christus behüten müssen. Das ist eine grundfalsche Meinung. Der Hirte muss sie behüten und für sie sorgen, die sich ihm anvertrauen. Und er hat auch versprochen, es zu tun. Ich habe einst gehört, dass, als ein Schiffskapitän im Sterben lag, er gesagt habe: „Gott sei Dank! Der Anker hält!" Er hatte Christus vertraut. Sein Anker hatte den zuverlässigen Felsen gefasst. Ein Irländer sagte einst, dass „er gezittert habe; aber der Fels nie." Wir müssen festen Grund unter unsern Füßen haben.

In der zweiten Epistel an Timotheus (1,12) sagt Paulus: „Ich weiß, an wen ich glaube, und bin gewiss, dass er bewahren kann, was mir anvertraut ist, bis an jenen Tag." Das war der Glaube des Paulus.

Als während unseres Bürgerkrieges ein Kaplan

durch die Spitäler ging, kam er zu einem Mann, der im Sterben lag. Als ihm gesagt wurde, dass er ein Diener Christi sei, wollte er wissen, welcher Kirche er angehöre, und erhielt zur Antwort: er sei ein Anhänger Pauli. „Ist er denn ein Methodist?" fragte er, weil die Methodisten Paulus für sich beanspruchen. „Nein." „Ist er ein Presbyterianer?" Denn auch die Presbyterianer beanspruchen Paulus ganz besonders für sich. „Nein," war die Antwort. „Gehört er denn zur bischöflichen Kirche?" Denn die Anhänger dieser Kirche möchten den größten Apostel für sich haben. „Nein, er gehört auch nicht zu ihnen." „Nun, zu welcher Kirche gehört er denn?" „Ich bin gewiss (das heißt, des festen Glaubens), dass er mir meine Belange bewahren kann bis an jenen Tag." Das ist ein großer Glaube; und er brachte auch Frieden zu dem sterbenden Soldaten in seiner letzten Stunde.

Und noch weiter mögen die, welche fürchten, dass sie nicht aushalten können, den 24. Vers lesen: „Dem aber, der euch kann behüten ohne Fehler, und stellen vor das Angesicht seiner Herrlichkeit unsträflich mit Freuden." Und dann auch in Jesaja 41,10: „Fürchte dich nicht, ich bin mit dir; weiche nicht, denn ich bin dein Gott. Ich stärke dich, ich helfe dir auch, ich halte dich durch die rechte Hand meiner Gerechtigkeit." Und auch im 13. Vers: „Denn ich bin der HERR, dein Gott, der deine rechte Hand fasst und zu dir spricht: Fürchte dich nicht, ich helfe dir!"

Wenn nun Gott meine rechte Hand in der seinigen hält, kann er mich nicht erhalten und behüten? Hat Gott nicht die Macht, uns zu erhalten? Der große Gott, der

Himmel und Erde gemacht hat, kann wohl solche arme Sünder, wie dich und mich, erhalten, wenn wir ihm nur vertrauen. Wenn wir unser Vertrauen in Gott zurückhalten, aus Furcht wir könnten wieder abfallen, dann sind wir wie ein Mann, der seine Begnadigung zurückweist, weil er fürchtet, dass er wieder ins Gefängnis geraten könnte; oder wie ein Mann, der sich weigert, sich vom Ertrinken erretten zu lassen, weil er fürchtet, er könne wieder ins Wasser fallen.

Viele Menschen sehen aufs christliche Leben und fürchten, sie werden nicht Kraft haben, bis zum Ende auszuhalten. Sie denken nicht daran, dass es ihnen versprochen ist: „Dein Alter sei wie deine Jugend." (5. Moses 33, 25.)

Das erinnert mich an die Fabel vom Pendel einer Uhr, das ganz niedergeschlagen war bei dem Gedanken, wie viele tausend Meilen es noch gehen müsse; aber als es daran dachte, wie es durch den großen Raum der Zeit gelangen würde mit dem einfachen „Ticktack, Ticktack," so fasste es frischen Mut für die tägliche Reise. Gerade so ist es das besondere Vorrecht eines Dieners Christi, sich seinem himmlischen Vater hinzugeben und ihm Tag für Tag zu vertrauen. Es ist ein großer Trost, zu wissen, dass Gott das gute Werk nicht anfangen wird, ohne es auch zu vollenden.

Es gibt zwei Arten von Ungläubigen: eine, die wirkliche Schwierigkeiten zu überwinden hat, während die andere nur Freude darin findet, die Sache mit Worten zu bekriegen. Ich dachte einst, dass diese letztere Klasse mir immer ein Pfahl im Fleische bleiben würde; aber jetzt verletzt sie mich nicht mehr. Ich erwarte sie längs des ganzen Weges. Menschen solcher Art sind einst um Christus herumgetrieben, um ihn in seinen Reden zu verwirren. Sie kommen auch bloß in unsere Versammlungen, um Wortstreitigkeiten anzustiften. Zu allen solchen möchte ich sagen, wie Paulus Timotheus zu tun, geraten hat: „Aber die törichten und ungezogenen Fragen weise zurück; denn du weißt, dass sie nur Streit erzeugen." (2. Tim. 2, 23.) Törichte Fragen! Viele junge Bekehrte begehen einen jämmerlichen Fehler. Sie glauben, dass sie die ganze Bibel zu verteidigen haben. Ich wusste sehr wenig von der Bibel, als ich mich erst zum Guten bekehrte; und ich dachte, ich müsse sie verteidigen vom Anfang bis zum Ende gegen alle, die mir nahe kämen. Aber ein Ungläubiger aus Boston griff mich an, warf alle meine Beweisgründe zu Boden und entmutigte mich gänzlich. Nun aber habe ich das überwunden. Es gibt vieles im Worte Gottes, von dem ich öffentlich erkläre, dass ich es nicht verstehen kann.

Wenn mich jemand fragt, was ich damit tue, so antworte ich: „Ich tue gar nichts damit." „Wie erklären Sie es?" „Ich erkläre es gar nicht." „Aber Sie müssen doch etwas damit tun." „Ich glaube es bloß." Und wenn man mir sagt: „Ich würde nichts glauben, was ich nicht verstehen kann," so erwidere ich einfach, dass ich es aber tue.

So gibt es auch noch viele Dinge, die mir vor fünf Jahren ganz dunkel und rätselhaft erschienen, über die ich seitdem einen Überfluss des Lichtes erhalten habe, und ich bin bereit, noch durch alle Ewigkeit etwas Neues von Gott zu lernen. Ich bemühe mich ganz besonders, nie über solche Teile der Heiligen Schrift zu reden, über die man sich immer leicht streitet. Ein alter Geistlicher sagte einst, dass es Leute gebe, die, wenn sie Fisch essen wollen, immer mit den Gräten anfangen. Ich lasse alle solche Sachen, bis ich Licht darüber erhalte. Ich brauche nicht erklären, was ich nicht verstehen kann. „Was verborgen ist, ist des HERRN, unseres Gottes; was aber offenbart ist, das gilt uns und unsern Kindern ewiglich, dass wir tun sollen alle Worte dieses Gesetzes." (5. Mos. 29, 29.) Das will ich nehmen und essen und mich daran laben, dass ich geistliche Kraft bekomme.

Auch in der Epistel an Titus steht noch ein guter Rat: „Von törichten Fragen aber, von Geschlechtsregistern, von Zank und Streit über das Gesetz halte dich fern; denn sie sind unnütz und nichtig." (Tit. 3, 9.)

Hier aber kommt ein ehrlicher Ungläubiger. Mit ihm möchte ich so zärtlich umgehen, wie eine Mutter mit ihrem kranken Kinde. Ich habe kein Mitgefühl mit Leuten, die einen Menschen von sich stoßen und gar nichts mit ihm zu tun haben wollen, weil er ungläubig ist.

Vor einiger Zeit wohnte ich einer „Fragestunde" bei, und ich vertraute einer frommen Dame eine Ungläubige an, die ich seit längerer Zeit gekannt hatte. Als ich mich bald wieder nach ihr umwandte, sah ich, wie die Fragende gerade aus dem Saal schritt. Ich sagte: „Warum lassen Sie sie davongehen?" „Sie ist doch eine Ungläubige," war die Antwort. Ich lief zur Tür und bat sie, zu bleiben, und dann stellte ich sie einem guten Manne vor, der eine Stunde lang im Reden und Gebet mit ihr zubrachte. Nachher besuchte er sie und ihren Mann, und ehe die Woche zu Ende ging, war die verständige Frau von ihrem Unglauben befreit und wurde eine tätige Dienerin Christi. Es bedurfte Zeit, Mitgefühl und Gebet. Wenn aber eine solche ehrlich in ihrer Meinung ist, so sollten wir doch mit ihr umgehen, wie es unser Herr von uns fordert.

Hier sind noch einige Verse für solche Fragenden: „Wenn jemand dessen Willen tun will, wird er innewerden, ob diese Lehre von Gott ist oder ob ich aus mir selbst rede." (Ev. Joh. 7,17.) Wenn ein Mensch aber den Willen Gottes nicht tun will, so wird er von der Lehre auch nichts lernen. Es gibt keine Ungläubigen, die nicht wissen, dass Gott will, dass sie ihre Sünden lassen; und wenn ein Mensch sich von der Sünde abwenden will, und das Licht nimmt und ihm dankt für das, was er gibt, und nicht erwartet, dass er auf einmal Licht über die ganze Bibel erhalten wird, der wird Tag für Tag mehr Licht bekommen, Schritt für Schritt vorwärts gehen und aus der Finsternis in das volle Licht des Himmels geführt werden.

In Daniel 12,10 wird uns gesagt: „Viele werden gereinigt, geläutert und geprüft werden, aber die Gottlosen werden gottlos handeln; alle Gottlosen werden's nicht verstehen, aber die Verständigen werden's verstehen." Gott wird sein Geheimnis seinen Feinden nie offenbaren. Nie! Und wenn ein Mensch in Sünden beharrt, so wird er die Lehre Gottes nicht verstehen können.

„Am Rat des HERRN haben teil, die ihn fürchten; und seinen Bund lässt er sie wissen." (Psalm 25, 14.)

Und im Ev. Johannes 15, 15 lesen wir: „Ich nenne euch hinfort nicht Knechte; denn der Knecht weiß nicht, was sein Herr tut. Euch aber habe ich Freunde genannt; denn alles, was ich von meinem Vater gehört habe, habe ich euch kundgetan." Wenn du ein Freund Christi bist, so wirst du seine Geheimnisse wissen. Der Herr hat gesagt: „Wie könnte ich Abraham verbergen, was ich tun will?" (1. Mos. 18, 17.)

So werden diejenigen, die Gott ähnlich sind, ihn am leichtesten verstehen. Wenn ein Mensch sich nicht von seinen Sünden abwenden will, so wird er auch Gottes Willen nicht wissen können, noch wird Gott ihm seine Geheimnisse offenbaren. Aber wenn sich ein Mensch nur von seinen Sünden abwenden will, so wird er darüber erstaunen, wie das Licht auf ihn eindringen wird.

Ich erinnere mich noch einer Nacht, da mir die Bibel das allerdunkelste und trockenste Buch in der Welt war. Aber am folgenden Tag schien es mir ganz anders. Ich dachte, ich hätte den Schlüssel dazu gefunden. Ich war vom Geist geboren. Aber ehe ich etwas von dem Geist Gottes wissen konnte, musste ich meine Sünden lassen. Ich glaube, dass Gott jeder Seele gerade dort entgegen kommt, wo sie sich ihm ergeben will, und sobald sie will, dass er sie führe und leite. So viele Ungläubige sind so sehr eingebildet. Sie wissen mehr als der allmächtige Gott! Und sie kommen nicht, um zu lernen. Aber in demselben Augenblick, in dem ein Mensch mit empfänglichem Gemüt kommt, ist er gesegnet; denn: „Wenn es aber jemandem unter euch an Weisheit mangelt, so bitte er Gott, der jedermann gern und ohne Vorwurf gibt; so wird sie ihm gegeben werden." Jakobus 1, 5.)

Ein göttlicher Erlöser.

„Du bist Christus, des lebendigen
Gottes Sohn." (Ev. Matthäus 16,16.
Ev. Johannes 6, 69.)

W ir treffen eine gewisse Klasse unter den
Fragenden, die nicht an die Gottheit Christi
glauben. Es gibt viele Sprüche, die Licht über diese
Sache geben werden.

In 1. Korinther 15, 47 wird uns gesagt: „Der erste
Mensch ist von der Erde und irdisch; der zweite Mensch
ist vom Himmel."

In 1. Johannes 5, 20: „Wir wissen aber, dass der Sohn
Gottes gekommen ist und uns Einsicht gegeben hat,
damit wir den Wahrhaftigen erkennen. Und wir sind
in dem Wahrhaftigen, in seinem Sohn Jesus Christus.
Dieser ist der wahrhaftige Gott und das ewige Leben."

Wieder in Ev. Johannes 17, 3: „Das ist aber das ewige

Leben, dass sie dich, der du allein wahrer Gott bist, und den du gesandt hast, Jesus Christus, erkennen."

Und in Ev. Markus 14, 60-64: „Und der Hohepriester stand auf, trat in die Mitte und fragte Jesus und sprach: Antwortest du nichts auf das, was diese gegen dich bezeugen? Er aber schwieg still und antwortete nichts. Da fragte ihn der Hohepriester abermals und sprach zu ihm: Bist du der Christus, der Sohn des Hochgelobten? Jesus aber sprach: Ich bin's; und ihr werdet sehen den Menschensohn sitzen zur Rechten der Kraft und kommen mit den Wolken des Himmels. Da zerriss der Hohepriester seine Kleider und sprach: Was bedürfen wir weiterer Zeugen? Ihr habt die Gotteslästerung gehört. Was meint ihr? Sie aber verurteilten ihn alle, dass er des Todes schuldig sei."

Was mich zum Glauben an die Gottheit Christi brächte, war dieses: ich wusste gar nicht, wohin ihn zu stellen, oder was mit ihm zu machen, wenn er nicht göttlich sei. Als ich noch ein Knabe war, dachte ich, er sei ein guter Mann gewesen, wie Moses, Joseph, oder Abraham. Ich dachte sogar, er sei der beste Mann gewesen, der je auf Erden gelebt hatte. Ich fand aber, dass Christus noch höheren Anspruch hatte. Er hatte gesagt, er sei ein Gottmensch — mit göttlicher Natur, dass er vom Himmel käme. Er sagte: „Ehe denn Abraham ward, bin ich." Das konnte ich nicht verstehen und ward zu dem Schluss getrieben — und ich fordere irgendeinen ehrlichen Mann, mir ihn zu verneinen oder meinen Grund zu bestreiten — dass Jesus Christus entweder ein Betrüger und Verführer sei oder der Gott- Mensch — Gott geoffenbart im Fleisch; ich stehe auf diesem

Grund. Das erste Gebot sagt: „Du sollst keine anderen Götter haben neben mir." (2. Mos. 20, 3.) Siehe nur die Millionen Christen, die Jesus Christus als Gott anbeten. Wenn Christus nicht Gott ist, so ist das Abgötterei. Wir übertreten alle das erste Gebot, wenn Jesus Christus bloßer Mensch ist, wenn er ein Geschöpf ist, gleich wie wir, und nicht das, was er gesagt hat.

Es gibt Leute, die seine Gottheit nicht anerkennen, welche sagen, dass er der beste Mensch war, der je auf Erden gelebt hat; wenn er aber nicht göttlich ist, dann gerade aus den Grund sollte man ihn nicht einen guten Mann heißen, denn dann forderte er für sich Ehre und Rang, wozu diese Leute sagen, dass er weder Recht noch Anspruch darauf hatte. Das würde ihn zum Betrüger machen. Andere sagen, dass er wohl glaubte, dass er göttlich war, dass er sich aber selbst betrogen habe. Als wäre Christus von einem Selbstbetrug oder einer Täuschung hingerissen und dachte, er sei größer, als er war! Ich könnte mir keine gemeinere Vorstellung von Christus machen als eine solche. Das stempelt ihn nicht nur zum Betrüger, sondern macht ihn auch zu einem, der von Sinnen war und nicht wusste, wer er war, noch woher er kam. Wenn aber Christus nicht ist, was er sagte — der Erlöser der Welt — und wenn er nicht vom Himmel gekommen ist, so ist er ein großer Betrüger gewesen.

Wie kann aber jemand vom Leben Jesus Christi lesen und ihn zum Betrüger erklären? Ein Mann hat gewöhnlich einen Grund für seine Betrügerei. Was könnte Christus dazu bewogen haben? Er wusste, dass sein Los ihn zum Kreuz führen würde; dass sein Name verächtlich verworfen werden würde; dass viele seiner Anhänger genötigt würden, um seinetwillen ihr Leben zu lassen. Fast sämtliche Apostel starben den Märtyrertod und man betrachtete sie als Auswurf und Scheusale unter den Menschen. Wenn ein Mann ein Betrüger ist, so hat er einen Grund für seine Betrügerei. Was aber wollte Christus damit erreichen?

Das Zeugnis aus der Geschichte lautet, er sei „umhergezogen, und hat wohlgetan." Solches ist nicht das Werk eines Betrügers. Lass dich vom Feind deiner Seele nicht verführen.

In Johannes 5, 21-23 lesen wir: „Denn wie der Vater die Toten auferweckt und macht sie lebendig, so macht auch der Sohn lebendig, welche er will. Denn der Vater richtet niemand, sondern hat alles Gericht dem Sohn übergeben, damit alle den Sohn ehren, wie sie den Vater ehren. Wer den Sohn nicht ehrt, der ehrt den Vater nicht, der ihn gesandt hat."

Nun merke: Nach dem jüdischen Gesetze musste ein Mann, der ein Gotteslästerer war, den Tod erleiden; und wenn wir annehmen, dass Christus ein bloßer Mensch war, wenn das dann keine Gotteslästerung war, so weiß ich nicht, wo man sie finden kann. „Wer den Sohn nicht ehrt, der ehrt den Vater nicht." Das ist echte Gotteslästerung, wenn Christus nicht göttlich war. Hätte Moses, oder Elias, oder Elisa, oder irgendein Sterblicher gesagt: „Ihr müsst mich ehren, wie ihr Gott ehret," und hätte sich gleich hoch mit Gott gestellt, so wäre es echte Gotteslästerung gewesen.

Die Juden brachten Christus ums Leben, weil sie sagten, dass er nicht sei, wer er behauptete, zu sein. Auf die Aussage hin ward er in Eid genommen. Der Hohepriester sagte: „Ich beschwöre dich bei dem lebendigen Gott, dass du uns sagst, ob du der Christus bist, der Sohn Gottes." (Ev. Matthäus 26, 63.) Und als die Juden ihn umringten und sagten: „Wie lange hältst du unsere Seelen auf? Bist du Christus, so sage es uns frei heraus." Da sagte Jesus: „Ich und der Vater sind eins." Da hoben die Juden Steine auf, dass sie ihn steinigten. (Ev. Johannes 10, 24-33.) Sie sagten, sie wollten nichts weiter hören, denn das sei Gotteslästerung. Weil er sich als Sohn Gottes erklärte, wurde er zum Tode verurteilt. (Ev. Matthäus 26, 63-66.)

Wenn aber Christus ein bloßer Mensch war, so taten die Juden, ihrem Gesetze nach, recht, dass sie ihn ums Leben brachten. Im 3. Buch Moses 24, 16 lesen wir: „Wer des HERRN Namen lästert, der soll des Todes sterben; die ganze Gemeinde soll ihn steinigen. Ob Fremdling oder Einheimischer, wer den Namen lästert, soll sterben."

Dieses Gesetz fordert, dass jeder, der des Herrn Namen lästert, sterben muss. Weil er darauf bestand, dass er göttlich sei, wurde er zum Tode verurteilt; und nach dem mosaischen Gesetz sollte er auch die Todesstrafe erleiden. Im Ev. Johannes 16, 15 sagt Christus: „Alles, was der Vater hat, das ist mein. Darum habe ich gesagt: Er nimmt es von dem Meinen und wird es euch verkündigen." Wie könnte er bloß ein guter Mensch sein und so reden? Ich bin nie im Zweifel darüber gewesen seit meiner Bekehrung.

Ein notorischer Übeltäter wurde einst gefragt, wie er die Gottheit Christi beweisen könne. Seine Antwort war: „Er hat mich erlöst; ist das nicht ein guter Beweis?"

Ein Ungläubiger sagte einst zu mir: „Ich habe das Leben Johannes des Täufers studiert, Herr Moody.

Warum predigen Sie nicht von dem? Er war ein größerer Mann als Christus und Sie würden auch Größeres damit vollbringen." Ich sagte ihm: „Mein Freund, predigen Sie nur Johannes den Täufer; und ich will Ihnen nachfolgen und Christus predigen, dann werden wir sehen, wer den größten Erfolg erreicht." „Sie werden das wohl," sagte er, „weil die Menschen so abergläubisch sind." Johannes wurde enthauptet, und seine Jünger baten um seinen Leichnam, um ihn zu begraben; aber Christus ist vom Tode auferstanden; er ist „aufgefahren zur Höhe und führtest Gefangene gefangen, du hast Gaben empfangen von Menschen – auch von Abtrünnigen –, auf dass Gott der HERR daselbst wohne." (Psalm 68, 19.)

Unser Christus lebt. Viele Leute haben das noch nicht entdeckt, dass Christus vom Grabe auferstanden ist. Sie beten einen toten Erlöser an, wie Maria, die da sagte: „Sie haben meinen Herrn weggenommen, und ich weiß nicht, wo sie ihn hingelegt haben." (Ev. Joh. 20, 13.) So steht es mit denen, die an der Gottheit unseres Herrn zweifeln.

Dann lese auch Ev. Matthäus 18, 20: „Denn wo zwei oder drei versammelt sind in meinem Namen, da bin ich mitten unter ihnen." Da bin ich. Wenn er nun ein bloßer Mensch wäre, wie könnte er da sein? Alle diese sind mächtige Sprüche.

Wieder im Ev. Matthäus 28,18: „Und Jesus trat herzu, redete mit ihnen und sprach: Mir ist gegeben alle Gewalt im Himmel und auf Erden." Könnte er ein bloßer Mensch sein und sagen: „Mir ist gegeben alle Gewalt im Himmel und auf Erden"?

Und wieder im Ev. Matthäus 28, 20: „Und lehret sie halten alles, was ich euch befohlen habe. Und siehe, ich bin bei euch alle Tage bis an der Welt Ende." Wäre er ein bloßer Mensch, wie könnte er jetzt mit uns sein? Doch sagt er: „Ich bin bei euch alle Tage, bis an der Welt Ende"!

Und dann in Ev. Markus 2, 7-9: „Wie redet der so? Er lästert Gott! Wer kann Sünden vergeben als Gott allein? Und Jesus erkannte alsbald in seinem Geist, dass sie so bei sich selbst dachten, und sprach zu ihnen: Was denkt ihr solches in euren Herzen? Was ist leichter, zu dem Gelähmten zu sagen: Dir sind deine Sünden vergeben, oder zu sagen: Steh auf, nimm dein Bett und geh hin?"

Manche Menschen werden euch entgegnen und sagen: „Hat Elisa *nicht* auch Tote auferweckt?" Aber merke, dass in den einzelnen Fällen, wo Menschen die Toten auferweckt haben, sie es durch Gottes Macht getan haben. Sie riefen immer Gott an, dass er es tue. Da aber Christus auf Erden war, rief er nie den Vater an, die Toten ins Leben zu bringen. Als er ins Haus des Jairus ging, sagte er: „Mädchen, ich sage dir, stehe auf." (Ev. Markus 5, 41.)

Er hatte die Macht, das Leben zu geben. Als man den toten Jüngling aus Nain zu Grabe trug, so jammerte ihn der verwitweten Mutter, und er kam, rührte den Sarg an und sprach: „Jüngling, ich sage dir, stehe auf!" (Ev. Lukas 7, 14.)

Er sprach, und die Toten standen auf. Und als er Lazarus auferweckte, rief er mit lauter Stimme: „Lazarus, komm heraus!" (Ev. Joh. 11, 43.) und Lazarus hörte und kam heraus.

Es hat mal jemand gesagt, es sei gut gewesen, dass Lazarus bei Namen gerufen wurde, sonst wären alle die Toten, die Christus' Stimme erreichen konnten, sogleich auferstanden.

In Ev. Johannes 5, 25. sagt Jesus: „Wahrlich, wahrlich, ich sage euch: Es kommt die Stunde und ist schon jetzt, dass die Toten hören werden die Stimme des Sohnes Gottes, und die sie hören, die werden leben." Welche Gotteslästerung wäre das, wenn er nicht göttlich wäre! Der Beweis ist überwältigend, wenn du nur im Worte Gottes forschen willst.

Dann noch eins — kein guter Mensch außer Jesus Christus hat es je erlaubt, dass man ihn anbete — aber er hat es den Anbetern nie verboten. In Ev. Joh. 9, 38 lesen wir, dass der blinde Mann, den Christus fand, gesagt hat: „Herr, ich glaube; und er betete ihn an," und der Herr hat es ihm nicht verboten.

Und ferner, in Offenbarung Johannes 22, 6-9 heißt es: „Diese Worte sind gewiss und wahrhaftig; und der Herr, der Gott der Geister der Propheten, hat seinen Engel gesandt, zu zeigen seinen Knechten, was bald geschehen muss. Siehe, ich komme bald. Selig ist, der die Worte der Weissagung in diesem Buch bewahrt. Und ich, Johannes, bin es, der dies gehört und gesehen hat. Und als ich's gehört und gesehen hatte, fiel ich nieder, um anzubeten zu den Füßen des Engels, der mir dies zeigte. Und er spricht zu mir: Tu es nicht! Ich bin dein Mitknecht und der Mitknecht deiner Brüder, der Propheten, und derer, die bewahren die Worte dieses Buches. Bete Gott an!" Wir sehen hier, dass selbst der Engel es nicht erlaubte, dass Johannes ihn anbete. Sogar ein Engel des Himmels! Und sollte Gabriel zur Erde kommen vom Angesicht Gottes, so würde es doch eine Sünde sein, ihn anzubeten, oder irgendeinen Seraph, oder Cherub, oder Michael, oder einen der Erzengel.

„Bete Gott an!" Und wäre Jesus Christus nicht Gott, geoffenbart im Fleisch, so wären wir Götzendiener, wenn wir ihn anbeten. In Ev. Matthäus 14, 33 lesen wir: „Die aber im Boot waren, fielen vor ihm nieder und sprachen: Du bist wahrhaftig Gottes Sohn." Und er verbot es ihnen nicht.

Und in Ev. Matthäus 8,2 heißt es: „Und siehe, ein Aussätziger kam heran und fiel vor ihm nieder und sprach: Herr, wenn du willst, kannst du mich reinigen."

Und Matthäus 15, 25: „Sie aber kam und fiel vor ihm nieder und sprach: Herr, hilf mir."

Es gibt noch viele andere Stellen, aber ich denke, ich habe schon genug erwähnt, um die Gottheit unseres Herrn über allen Zweifel zu beweisen,

Im 14. Kapitel der Apostelgeschichte. wird uns erzählt, wie die Heiden von Lystra Ochsen und Kränze brachten und den Aposteln Barnabas und Paulus Opfer tun wollten, weil sie einen lahmen Mann geheilt hatten; aber die Apostel zerrissen ihre Kleider und sagten den Lystranern, dass sie auch bloß Menschen seien und darum nicht angebetet werden dürften. Es ist eine große Sünde.

Und wäre Jesus bloß ein Mensch, so sind wir alle einer großen Sünde schuldig, wenn wir ihn anbeten. Aber ist er, wie wir glauben, der eingeborene und geliebte Sohn Gottes, so lasst uns ihm sein Recht gestatten, lasst uns auf sein ausübendes Werk ruhen und hinaus gehen, ihm zu dienen unser Leben lang.

Buße und Ersatz.

„Gott gebietet allen Menschen an allen
Enden Buße zu tun." (Apg. 17, 30.)

Die Lehre von der Buße ist eine der wesentlichsten
in der Bibel, und doch glaube ich, dass sie zu
den Wahrheiten gehört, die heutzutage viele Leute
am wenigsten verstehen. Es gibt heute noch sehr viele
Menschen, die tiefer in Finsternis und Ungewissheit
sind über die Lehre von der Buße, Wiedergeburt, dem
Sühneopfer und andere wesentliche Wahrheiten als
vielleicht über andere Lehren. Und doch haben wir
gerade von diesen seit unserer frühesten Jugend am
meisten gehört.

Sollte ich eine Erklärung für Buße fordern, so
würden viele einen ganz merkwürdigen und falschen
Begriff davon bekunden.

Ein Mensch ist nicht bereit, das Evangelium zu

glauben und anzunehmen, wenn er noch nicht bereit ist, Buße zu tun und sich von seinen Sünden abzukehren.

Bis Johannes der Täufer Christus traf, redete er bloß über den einzigen Spruch: „Tut Buße, denn das Himmelreich ist nahe herbeigekommen." (Ev. Matthäus 3, 2.) Hätte er aber fortwährend bloß das gesagt und dann aufgehört, ohne die Menschen auf Christus, das Lamm Gottes, hinzuweisen, so hätte er wohl wenig damit ausgerichtet.

Als Christus kam, nahm er denselben Ruf in der Wüste auf: „Tut Buße, das Himmelreich ist nahe herbeigekommen." (Matthäus 4, 17.) Und als unser Herr seine Jünger hinaussandte, war es mit derselben Botschaft, „man solle Buße tun." (Ev. Markus 6, 12.)

Nach seiner Verherrlichung, als der Heilige Geist herunter gekommen war, lesen wir, wie Petrus am Tag der Pfingsten denselben Ruf erhob: „Tut Buße!" Und gerade diese Predigt, „tut Buße und glaubet an das Evangelium," war es, die dort solch wunderbaren Erfolg hatte. (Apg. 2, 38-47.) Und wir finden auch, dass Paulus, als er nach Athen kam, dort denselben Ruf verbreitete: „Nun gebietet Gott allen Menschen, an allen Enden, Buße zu tun."

Ehe ich nun erkläre, was Buße wirklich ist, lasst mich sagen, was sie nicht ist. Buße ist nicht Furcht. Viele Leute haben diese zwei Empfindungen verwechselt. Sie glauben, sie müssen sich fürchten und ängstigen, und so warten sie auf eine besondere Furcht, die sie überfallen soll. Aber viele fürchten sich und tun doch nicht Buße. Du hast schon oft gehört von Männern auf dem Meer während eines furchtbaren Sturmes. Sie waren vielleicht ganz lasterhafte Menschen; so bald aber Gefahr kommt, werden sie plötzlich ganz ruhig und rufen Gott um Gnade an. Und doch könnte man nicht sagen, dass sie Buße tun— denn sobald das Unwetter vorüber ist, lästern sie wie vorher.

Vielleicht glaubst du, dass der König von Ägypten Buße tat, da Gott die schrecklichen Plagen auf ihn und sein Land kommen ließ. Aber das war auch nicht Buße. Denn sobald Gott seine Hand von ihm abzog, war sein Herz verstockter als zuvor. Er ließ von keiner einzigen Sünde ab, sondern blieb derselbe Mann. Es war keine wahre Buße in seinem Herzen.

Manchmal, wenn der Tod in eine Familie kommt, scheint es, als sei es geschehen zur Bekehrung und Heiligung aller, die im Hause sind. Aber vielleicht nach einem halben Jahre ist alles wieder vergessen. Es mögen einige unter meinen Lesern sein, die solche Erfahrung gemacht haben. Als die Hand Gottes schwer auf ihnen lag, da schien es, als wollten sie Buße tun; sobald sie aber von der Trübsal befreit sind, siehe da! Dann ist auch der Eindruck verschwunden.

Noch weiter: Buße tun ist nicht, tiefes Gefühl haben. Ich erlebe viele Leute, die immer auf ein besonderes Gefühl warten. Sie möchten sich wohl gerne zu Gott bekehren, aber sie denken, sie können das nicht, bis dieses Gefühl kommt. Als ich einst in Baltimore war, predigte ich jeden Sonntag im Bundesgefängnis zu neunhundert Gefangenen. Es war wohl kein einziger unter ihnen, der sich nicht elend genug fühlte. Während der ersten Woche oder zehn Tage nach ihrer Verhaftung weinten viele die halbe Zeit. Doch sobald man sie frei setzte, gingen die meisten zurück auf ihre alten Wege. Die Wahrheit ist, sie waren so traurig, weil man sie gefangen hielt; bloß darum. So hast du auch wohl gesehen, wie ein Mann in der Stunde der Prüfung tiefes Gefühl zeigt, aber oft ist es bloß, weil er in Unglück geraten ist, nicht weil er Sünde getan hat, oder weil sein Gewissen ihm sagt, dass er vor Gottes Angesicht übel getan hat. Es scheint wohl, als werde ihn diese Prüfung zur wahren Buße bringen, aber das Gefühl geht allzu oft vorüber.

Und noch einmal: Buße tun ist nicht zu fasten und den Leib zu peinigen. Ein Mann könnte Wochen und Monate und Jahre lang fasten und doch nicht eine einzige Sünde wirklich einbüßen. Und es ist auch nicht, sich Gewissensbisse machen. Judas hatte schreckliche Gewissensangst — so schrecklich, dass er sich erhängte; das war aber nicht Buße. Ich glaube, wäre er zu seinem Herrn gegangen, auf sein Angesicht gefallen und hätte so seine Sünde bekannt, er hätte ihm vergeben. Stattdessen aber ging er zu den Priestern, und nahm sich dann das Leben. Man kann sich auf alle Weise peinigen, aber wahre, echte Buße liegt nicht immer darin. Nimm dir das zu Herzen! Du kannst Gottes Forderung nicht nachkommen, wenn du die Frucht des Leibes darbietest für die Sünde der Seele. Fort mit solchem Wahn!

Buße tun ist auch nicht, von deiner Sünde überzeugt sein. Das hat vielleicht für viele einen ganz merkwürdigen Klang. Ich habe Menschen gesehen, die so tief von ihren Sünden überzeugt waren, dass sie des Nachts nicht schlafen, noch eine einzige Mahlzeit genießen konnten. Monate lang lebten sie in diesem Zustande; und doch hatten sie sich nicht bekehrt; sie hatten nicht wahre Buße getan. Verwechsle Überzeugung der Sünde nicht mit Buße!

Und Gebet ist auch nicht Buße. Das mag auch merkwürdig klingen. Viele Leute, sobald sie sich um ihre Seele sorgen, sagen: „Ich will beten und in der Bibel lesen" — und sie meinen, damit den gewünschten Erfolg zu erreichen — aber das geschieht nicht immer. Du kannst die Bibel lesen und Gott viel anrufen, und doch nie Buße tun. Viele rufen Gott laut an und wissen doch nichts von Buße.

Noch eins: Buße ist nicht, von einer besonderen Sünde abzulassen. Viele irren sich auch darin. Ein Mann, der ein Trunkenbold war, nimmt sich vor nicht mehr zu trinken, und hört auch auf. Aber von einer Sünde sich loszureißen, ist nicht Buße tun. Wenn man bloß ein Laster lässt, so ist es, als ob man von einem Baum, der ganz abgehauen werden sollte, bloß einen Ast abbricht. Ein gottloser Mensch hört auf zu fluchen; ganz gut; wenn er sich aber nicht auch von jeder andern Sünde abwendet, so ist es keine Buße — kein Wirken Gottes in seiner Seele. Sobald Gott wirkt, haut er den ganzen Baum ab. Er will, dass der Mensch sich von jeder Sünde abwendet. Stell dir vor, ich sei in einem Schiffe auf dem Meer, und da finde ich, dass das Schiff an drei oder vier Stellen ein Leck bekommen hat. Verstopfe ich bloß ein Loch, so geht das Schiff unter. Oder ich bin an mehreren Stellen verwundet und hole mir ein Heilmittel für nur eine Wunde, und vernachlässige die andern, so wird mein Leben doch bald zu Ende sein.

Wahre Buße besteht nicht darin, dass man diese oder jene besondere Sünde lässt.

Nun, fragst du, was ist denn wahre Buße? Ich will dir eine gute Erklärung geben: es heißt, „rechts um, kehrt euch!" Und in der irländischen Sprache heißt das Wort Buße noch mehr als „rechts um!" es schließt noch mehr ein — nämlich: ein Mann, der in einer Richtung gegangen ist, hat sich nicht bloß umgekehrt, sondern er geht wirklich in gerade entgegengesetzter Richtung. „Wendet euch, wendet euch; warum wollt ihr sterben?" Ein Mensch kann wenig oder viel Gefühl haben, wenn er sich aber nicht von seinen Sünden wendet, so wird Gott ihm nicht Gnade erzeigen. Buße wird auch manchmal erklärt als „eine Veränderung des Sinnes." Als Beispiel haben wir das Gleichnis, das Christus gegeben hat: „Es hatte ein Mann zwei Söhne und ging zu dem ersten und sprach: Mein Sohn, geh hin und arbeite heute im Weinberg. r antwortete aber und sprach: Ich will nicht." (Matth. 21, 28. 29.) Nachdem er aber gesagt hatte „ich will es nicht tun," hat er sich die Sache überlegt und einen neuen Entschluss gefasst. Vielleicht sagte er zu sich: „Ich habe nicht sehr ehrfurchtsvoll zu meinem Vater gesprochen; er bat mich, hinzugehen und zu arbeiten, und ich antwortete ihm, ich würde es nicht tun. Ich denke jetzt, das war nicht recht getan." Hätte er das aber bloß gesagt und wäre doch nicht hingegangen, so hätte er nicht rechte Buße bewiesen. Aber er war nicht bloß überzeugt, dass er unrecht getan hatte, sondern er ging hin aufs Feld, zu graben, oder zu mähen, oder sonst etwas zu tun. Das ist, was Christus meint mit Buße. Wenn ein Mann sagt: „Mit Gottes Hilfe will ich meine Sünden lassen und seinen Willen tun," das ist Buße, — eine Umkehr.

Jemand hat gesagt, der Mensch ist geboren mit seinem Gesicht von Gott abgewendet. Wenn er nun wahrhaft Buße tut, so wird er sich umkehren zu Gott; er wird sein altes Leben lassen.

Kann ein Mann auf einmal Buße tun? Gewiss kann er das. Man braucht nicht lange, um sich umzudrehen. Ein Mann braucht nicht ein halbes Jahr, einen andern Entschluss zu fassen — seinen Sinn zu ändern.

Vor einiger Zeit ist ein Schiff an der Küste Neufundlands untergegangen. Als es gegen die Küste getrieben wurde, da gab es einen Augenblick, in welchem der Kapitän Befehl geben konnte, die Maschine umzukehren und wieder zurücksteuern. Hätte man die Maschine sogleich umgekehrt, so hätte man das Schiff noch gerettet; — im nächsten Augenblick aber war es schon zu spät. Gerade so, glaube ich, gibt es immer einen Augenblick im Leben eines jeden Menschen, worin er innehalten kann und sagen: „Mit Gottes Hilfe gehe ich nicht weiter Richtung Tod und Verderben. Ich will meine Sünden büßen und mich von ihnen abwenden." Du kannst wohl sagen, du hast nicht genug Gefühl; wenn du aber überzeugt bist, dass du auf falschem Wege bist, so kehre nur rechts um und sage: „Ich will nicht weiter auf dem Wege der Sünde und Empörung gehen, wie ich es bis jetzt getan habe." Und gerade dann, wenn du dich zu Gott kehren willst, kann die Seligkeit dein werden.

Ich finde, dass jede Bekehrung, von der uns in der Bibel gesagt ist, augenblicklich war. Buße und Glaube kamen immer ganz plötzlich. In demselben Augenblick, in welchem sich ein Mann zum Guten entschloss, hat Gott ihm die Kraft dazu gegeben. Gott fordert von niemandem, etwas zu tun, wozu er ihm die Kraft nicht verliehen hat. Er würde nicht „gebieten allen Menschen an allen Enden, Buße zu tun," wenn sie es nicht tun könnten. Die Menschen müssen die Schuld nur aus sich selbst legen, wenn sie nicht Buße tun und an das Evangelium glauben.

Einer der ersten Geistlichen in Ohio hat mir vor einiger Zeit von seiner Bekehrung geschrieben; sie befriedigt ganz völlig diese Frage über augenblickliche Entscheidung. Er schrieb: „Ich war neunzehn Jahre alt und studierte unter einem Advokaten in Vermont, der auch ein Diener Christi war. Eines Nachmittags, als er außer Hause war, kam ich in die Stube, wo seine Frau war, und sie sagte zu mir ‚ich wünsche, dass du mich heute Abend zum Religionsunterricht begleitest und dort ein Diener Christi wirst, so dass du den Familien-Gottesdienst leiten kannst, während mein Mann fort ist.' ‚Nun, ich will es tun', sagte ich, ohne die Sache besonders zu überlegen. Als ich wieder ins Haus kam, fragte sie mich, ob es mir wirklich ernst sei mit dem, was ich gesagt hatte. Ich antwortete: ‚Ja, insofern, als es sich auf meine Begleitung zum Unterricht bezieht' — das ist bloß höflich. Und so ging ich mit ihr, wie ich es auch schon öfters getan hatte. Etwa zwölf Leute waren versammelt in einem kleinen Schulhaus. Der Lehrer hatte zu allen in der Stube gesprochen, nur nicht zu mir und zwei anderen. Er redete gerade mit dem Manne neben mir, als ich dachte, er werde mich fragen, ob ich etwas zu sagen habe. Ich sagte mir dann: ich habe mich längst entschlossen, einmal ein Diener Christi zu werden; warum sollte ich nicht heute Abend anfangen? Kaum war eine Minute vergangen, nachdem diese Gedanken mein Gemüt bewegt hatten, als er zu mir sagte: ‚Bruder Karl (er kannte mich sehr gut), hast du etwas zu sagen.' Ich antwortete mit größter Freimütigkeit: ‚Ja, ich bin binnen einer halben Minute gerade zur Entscheidung gekommen, dass ich heute das christliche Leben anfangen will. Und ich wünsche, dass Sie für mich beten.'

Er stutzte über meine Freimütigkeit; ich glaube, er zweifelte an meiner Aufrichtigkeit. Er sagte sehr wenig, ging weiter und redete noch mit zwei anderen. Nach einigen allgemeinen Bemerkungen wandle er sich wieder zu mir und sagte: ‚Bruder Karl, willst du den Unterricht mit Gebet schließen?' Er wusste, dass ich noch nie öffentlich gebetet hatte. Bis zu diesem Augenblick hatte ich auch kein tiefes Gefühl es war einfach eine Geschäftssache gewesen. Mein erster Gedanke war, ich kann doch nicht beten, ich will ihn bitten, mich zu entschuldigen. Mein zweiter aber war: ich hatte gesagt, dass ich ein christliches Leben anfangen wolle, und dies gehört dazu. So sagte ich: ‚Wir wollen beten!' Und irgendwo zwischen dem Augenblick, in dem ich mich zum Knien beugte, und dem, in welchem meine Knie den Boden berührten, hat der Herr meine Seele zum Guten bekehrt.

Meine ersten Worte waren: ‚Gelobet sei Gott!' Was ich darnach sagte, weiß ich nicht, und es tut auch nichts zur Sache, denn meine Seele war so erfüllt, dass ich nicht viel mehr als: ‚Gelobet sei Gott!' sagen konnte. Seit jener Stunde hat der Teufel es auch nie gewagt, mir meine Bekehrung streitig zu machen. Die Ehre sei dem Herrn Jesu!"

Viele Leute warten — sie können kaum sagen, auf was — auf irgendein sonderliches Gefühl, das sie beschleichen soll, einen eigentümlichen Glauben. Vor mehreren Jahren redete ich mit einem Mann und immer hatte er dieselbe Antwort. Fünf Jahre lang bemühte ich mich, ihn für Christus zu gewinnen, und jedes Jahr sagte er: „Es hat mich noch nicht ‚getroffen'." „Mein guter Mann, was meinen Sie damit? Was ist es, das Sie noch nicht getroffen hat?" „Nun," sagte er, „ich kann nicht ein Diener Christi werden, bis es mich trifft, und es hat mich noch nicht getroffen. Ich kann es nicht sehen, wie Sie es sehen." „Wissen Sie denn nicht, dass Sie ein Sünder sind?" „Ja, ich weiß, ich bin ein Sünder." „Und wissen Sie auch nicht, dass Gott Ihnen Gnade zeigen will, dass Verzeihung bei Gott liegt? Er will, dass Sie Buße tun und zu ihm kommen." „Ja, ich weiß auch das, aber—es hat mich noch nicht getroffen." Er kam immer zurück auf dasselbe Wort. Armer Mann! Er ist in seiner Unentschlossenheit ins Grab gesenkt worden. Sechzig lange Jahre hatte ihm Gott gegeben, um Buße zu tun, und am Schluss der Jahre konnte er immer nur noch sagen: „Es hat mich noch nicht getroffen."

Wartest du, mein Leser, auf ein sonderliches Gefühl, und weißt nicht, was? Es gibt keine einzige Stelle in der ganzen Bibel, wo es dem Menschen gesagt wird, zu warten; Gott gebietet, jetzt Buße zu tun.

Glaubst du, Gott kann einem Menschen verzeihen,

wenn er nicht um Verzeihung bittet? Und könnte er glücklich sein, wenn Gott ihm so verzeihen würde? Sollte ein Mensch ins Reich Gottes eingehen ohne Buße, so würde ihm der Himmel zur Hölle werden. Der Himmel ist eine Stätte, zubereitet für Seelen, die dafür vorbereitet sind. Wenn ein Kind Unrecht getan hat, und will es nicht gestehen, so kannst du ihm nicht verzeihen, denn damit würdest du ihm Unrecht tun. Stell dir vor, er würde zu deinem Schreibtisch gehen und zehn Taler daraus stehlen und sie verschwenden. Du kommst nach Hause und dein Diener sagt dir, was dein Junge getan hat. Du fragst ihn, ob das wahr sei, und er leugnet es. Schließlich aber hast du ganz sicheren Beweis seiner Schuld, aber, obwohl er jetzt weiß, dass er es nicht länger leugnen kann, so will er doch seine Sünde nicht gestehen, sondern sagt, er werde es bei der ersten Gelegenheit wieder tun. Würdest du ihm sagen: „Ich will dir verzeihen," und dann die Sache so lassen? Nein! Und doch sagen die Menschen, Gott wird schon alle erlösen, ob sie Buße tun oder nicht: Trunkenbolde, Diebe, Ehebrecher usw., es macht gar nichts aus. „Gott ist gnädig," sagen sie.

Mein lieber Freund, lasse dich nicht betrügen. Wenn du wahre Buße tust und dich von deinen Sünden zu Gott wendest, so wird er dir entgegen kommen und dich selig machen; aber ohne wahre Buße kann er dich nicht selig machen.

Bezüglich dieser Sache machte David einen großen Fehler gegenüber seinem rebellischen Sohne Absalom. Er konnte seinem Sohn kein größeres Unrecht zugefügt haben, als ihm zu verzeihen, ehe sein Herz verändert war. Es konnte keine wirkliche Versöhnung stattfinden, so lange er für seine Sünde nicht Buße tat. Gott kann keinen solchen Fehler machen. David geriet auch dadurch in großes Unglück. Der Sohn hatte seinen Vater schier vom Throne getrieben.

Dr. Brooks aus St. Louis sagt in seiner Rede betreffs der Buße: „Buße tun heißt, genau genommen, eine Veränderung des Sinnes oder des Vorhabens." Und darum ist es das Urteil, das der Sünder über sich selbst ausspricht, der Liebe Gottes gegenüber, welche im Tode Christi geoffenbart ist; und ist verbunden mit der Hingabe alles Selbstvertrauens und mit Zuversicht auf den einzigen Heiland der Sünder. Erlösende Buße und erlösender Glaube kommen immer zusammen; und wenn du nur glauben willst, so brauchst du dich wegen der Buße gar nicht zu ängstigen."

„Es gibt Leute, die nicht gewiss sind, ob sie Buße genug tun." Wenn du damit meinst, dass du Buße tun musst, um Gott zur Gnade gegen dich zu bewegen, dann je eher du solche Buße aufgibst, je besser.

Gott ist schon immer gnädig, wie er am Kreuz wohl bewiesen hat, und du tust seinem liebenden Herzen schreckliche Unehre an, wenn du meinst, mit deinen Tränen und deinem Schmerz ihn rühren zu wollen. „Weißt du nicht, dass dich Gottes Güte zur Buße leitet?" So ist es nicht deine Schlechtigkeit, sondern Gottes Güte, die zur Buße leitet, und darum, wenn du wirklich Buße tun willst, musst du an den Herrn Jesus Christus glauben, „welcher ist um unserer Sünde willen dahingegeben, und um unserer Gerechtigkeit willen auferweckt!" (Römer 4, 25.)

Noch eins: Wenn die Buße von Herzen kommt, dann bringt sie gute Früchte. Wenn wir jemandem Unrecht getan haben, so sollten wir nicht Gott um Verzeihung bitten, bis wir bereit sind, dem Beleidigten Genugtuung zu geben. Wenn ich einem Manne ein großes Unrecht zugefügt habe und kann es wieder gut machen, so muss ich nicht um Verzeihung zu Gott beten, bis ich es gut machen will. Habe ich etwas genommen, das mir nicht gehört, so habe ich kein Recht, auf Verzeihung zu hoffen, bis ich es ersetzt habe.

Ich erinnere mich noch einer Zeit, als ich in einer unserer größten Städte predigte, dass am Schluss meiner Rede ein gebildeter Herr zu mir kam. Er war in schrecklicher Gewissensangst. „Ich bin wirklich ein echter Betrüger," sagte er. „Ich habe Geld genommen, das meinen Prinzipalen gehörte. Wie kann ich ein Diener Christi werden, ohne es zurückzugeben?" „Haben Sie das Geld?" fragte ich. Er sagte, dass er nicht mehr alles habe. Er hatte etwa $1500 genommen, und hatte noch etwa $900 davon. Er sagte: „Könnte ich nicht das Geld behalten und mich damit in irgendeinem Geschäft etablieren und dadurch genug gewinnen, um es ganz zurückzugeben?" Ich sagte ihm, das sei eine Verführung des Teufels; dass er nie hoffen könnte, mit gestohlenem Gelde vom Glück begünstigt zu werden; dass er alles zurückgeben solle, was er noch habe, und seine Prinzipalen bitten, ihm Gnade zu beweisen und zu verzeihen. „Sie werden mich aber doch ins Gefängnis bringen," sagte er; „können Sie mir nicht helfen?" „Nein, Sie müssen das Geld zurückgeben, ehe Sie auf Hilfe von Gott hoffen dürfen." „Das ist doch ziemlich hart," sagte er. „Ja, es ist hart, aber Sie begingen den größten Fehler, als Sie Unrecht taten."

Seine Last wurde ihm so schwer, dass er sie zuletzt ganz unerträglich fand. Er gab mir das Geld und bat mich, es seinen Prinzipalen zukommen zu lassen. Am nächsten Abend traf ich die beiden Prinzipalen in einer Seitenstube der Kirche. Ich legte das Geld hin und sagte ihnen, dass es von einem ihrer Angestellten käme. Dann erzählte ich ihnen die ganze Geschichte, und sagte, dass er sie jetzt um Gnade, nicht um Recht, bitte. Die Tränen flossen über die Wangen der beiden Männer und sie sagten: „Ja, von Herzen gern wollen wir ihm verzeihen." Dann ging ich hinunter und brachte ihn herauf. Nachdem er seine Schuld eingestanden und Verzeihung erlangt hatte, knieten wir alle nieder und baten Gott um seinen Segen, und er neigte sich zu uns und segnete uns an demselben Ort.

Ich halte einen Freund, der vor einiger Zeit zu Christus gekommen war, und er wollte sich und sein Vermögen Gott widmen. Vor Zeiten hatte er Geschäfte mit der Regierung gehabt, und hatte sie zu seinem Vorteil ausgebeutet. Bei seiner Bekehrung erinnerte er sich dieser Sache, und sein Gewissen beunruhigte ihn. Er sagte: „Ich möchte mein Vermögen Gott weihen und es scheint, als wolle er es gar nicht annehmen." Er hatte einen fürchterlichen Kampf, sein Gewissen machte ihm beständig Sorgen. Zuletzt hat er einen Wechsel auf 1500 Dollar ausgestellt und ihn zur Schatzkammer des Landes geschickt. Er sagte mir, wie großen Segen er empfing, nachdem er das getan hatte. Das ist, was es meint, „rechtschaffene Früchte der Buße zu tun." Ich glaube, dass sehr viele Menschen, die Gott um Licht bitten, es nicht bekommen, weil sie nicht ehrlich sind.

Ein andermal, nach einer Predigt, kam ein Mann zu mir. Er war erst zweiunddreißig Jahre alt und hatte doch ganz weißes Haar. Er sagte: „Sehen Sie, wie weiß meine Haare sind? Und ich bin erst zweiunddreißig Jahre alt. Während zwölf Jahren habe ich eine schwere Last getragen." „Nun," sagte ich, „was könnte das sein?" Er sah sich um, als fürchte er, dass ihn jemand hören könnte. „Nun," antwortete er, „als mein Vater starb, hinterließ er meiner Mutter nicht mehr als die Provinzial-Zeitung; das war ihr ganzes Vermögen. Nach seinem Tode ging es schlecht mit der Zeitung, und ich sah, dass meine Mutter bald in Not geraten müsse. Das Gebäude und die Zeitung waren für 1000 Dollar versichert, und als ich zwanzig Jahre alt war, steckte ich das Haus in Brand, erhielt die tausend Dollars und übergab sie meiner Mutter. Seit jener Stunde hat mich die Sünde verfolgt. Ich habe gesucht, sie mit Vergnügungen und Sünden zu überwältigen; ich habe Gott gelästert; ich bin im Unglauben gewandelt und wollte dartun, dass die Bibel nicht wahr sei; ich habe alles getan, das mir möglich war, und doch hat mich durch all diese zwölf Jahre meine Sünde gequält." Ich sagte ihm: „Und doch gibt es einen Ausweg." Er fragte: „Wie?" Ich erwiderte: „Leisten Sie Ersatz. Wir wollen zusammen ausrechnen, was die Zinsen sind, und dann zahlen sie der Versicherungsgesellschaft das Geld zurück."

Es würde dich gefreut haben, wenn du gesehen hättest, wie sich das Gesicht jenes Mannes erheiterte, als er fand, dass noch Gnade für ihn möglich war. Er sagte, er wolle gern das Geld mit allen Zinsen zurückgeben, wenn er nur Verzeihung finden könne.

Es gibt viele Menschen, die heute noch in Finsternis und Gefangenschaft leben, weil sie sich von ihren Sünden nicht wenden, noch dieselben bekennen wollen; und ich weiß gar nicht, wie jemand auf Verzeihung hoffen kann, wenn er seine Sünden nicht gestehen will.

Bedenke, dass jetzt der einzige Tag der Gnade ist, den du je haben wirst. Du kannst heute Buße tun, und sofort ist das Zeugnis gegen dich ausgelöscht. Gott wartet, dir zu verzeihen, er sucht dich zu sich zu bringen. Ich meine aber, die Bibel lehrt ganz deutlich, dass es keine Buße gibt nach diesem Leben. Manche sagen dir vielleicht, dass es möglich sei, noch im Grabe Buße zu tun; aber ich kann das nicht in der Heiligen Schrift finden. Ich habe meine Bibel sorgfältig gelesen und habe nicht gefunden, dass der Mensch noch ferner Hoffnung für die Seligkeit haben kann.

Warum sollte er um längere Zeit bitten? Du hast Zeit genug hier, um Buße zu tun. Du kannst dich gleich, in diesem Augenblick, von deinen Sünden kehren, wenn du nur willst. Gott sagt: „Denn ich habe kein Gefallen am Tod dessen, der sterben müsste, spricht Gott der HERR. Darum bekehrt euch, so werdet ihr leben." (Hesekiel 18, 32.)

Christus sagte: „Ich bin gekommen, die Sünder zur Buße zu rufen, und nicht die Frommen." Bist du ein Sünder? So ist der Ruf zur Buße an dich gerichtet. Nimm deinen Platz im Staube zu den Füßen unseres Heilands ein und gestehe deine Schuld. Sage, wie einst

der Zöllner: „Gott sei mir Sünder gnädig!" und siehe
wie bald er dir verzeihen und dich segnen wird. Er
wird dich sogar rechtfertigen und gerecht schätzen,
durch die Gerechtigkeit dessen, der deine Sünden selbst
geopfert hat an seinem Leibe, am Kreuze.

Manche denken vielleicht, dass sie schon gerecht
sind und darum nicht Buße tun oder an das Evangelium
glauben müssen. Die sind wie der Pharisäer in dem
Gleichnis, der Gott dankte, dass er nicht sei die andere,
wie „Räuber, Ungerechte, Ehebrecher, oder auch wie
dieser Zöllner", und noch weiter sagte: „ich faste zweimal in der Woche; ich gebe den Zehnten von allem,
was ich habe." Was ist das Urteil über solch einen
selbstgerechten Menschen? „Ich sage euch, dieser (der
arme, reuevolle Zöllner) ging hinab gerechtfertigt
in sein Haus vor jenem." (Ev. Lukas 18, 11-14.) „Da
ist nicht, der gerecht sei, auch nicht einer." „Sie sind
allzumal Sünder und ermangeln des Ruhms, den sie
vor Gott haben sollten." (Römer 3, 23.) Sage nur niemand, er braucht nicht Buße zu tun. Lass jeden seinen
rechten Platz einnehmen — den des Sünders; dann
wird ihn Gott aufheben zum Ort der Verzeihung und
Rechtfertigung. „Denn wer sich selbst erhöhet, der soll
erniedrigt werden, und wer sich selbst erniedrigt, der
soll erhöhet werden." (Ev. Lukas 14, II.)

Wo Gott echte Buße im Herzen sieht, da kommt er
der Seele entgegen.

Ich war einst in Colorado, um das Evangelium
zu predigen. Da hörte ich etwas, das mein Herz tief
rührte. Der Gouverneur des Staates war durch die
Gefängnisse gegangen. Da kam er an einer Zelle zu

einem Jungen, der sein Fenster mit Blumentöpfen gefüllt hatte, die augenscheinlich sorgfältig gepflegt wurden. Der Gouverneur sah den Gefangenen an und dann die Blumen und fragte, wem die Blumen gehörten. „Das sind meine Blumen," sagte der arme Bursche. „Hast du denn die Blumen so gern?" „Ja, mein Herr." „Wie lange bist du schon hier?" Er sagte ihm, mehrere Jahre. Er war auf lange Zeit verurteilt. Der Gouverneur staunte, dass er die Blumen so liebte, und sagte: „Kannst du mir sagen, warum du diese Blumen so lieb hast?" Mit tiefem Gefühl antwortete er: „So lange meine Mutter lebte, liebte sie Blumen, und als ich hierher kam, dachte ich, wenn ich diese hätte, würden sie mich an meine Mutter erinnern."

Der Gouverneur war so erfreut darüber, dass er sagte: „Nun, mein Junge, wenn du deine Mutter so im Gedächtnis trägst, so glaube ich, dass du deine Freiheit schätzen wirst." Und er begnadigte ihn noch zur gleichen Stunde.

Und sobald auch Gott die schöne Blume der wahren Buße im Herzen des Menschen wahrnimmt, sobald kommt die Seligkeit zu ihm.

Gewissheit der Seligkeit.

„Das habe ich euch geschrieben, damit
ihr wisst, dass ihr das ewige Leben habt,
die ihr glaubt an den Namen des Sohnes
Gottes." (1. Johannes 5, 13.)

Es gibt zwei Klassen von Menschen, die diese
Gewissheit nicht haben sollten. Zur ersten gehören die, welche wohl in der Kirche sind, aber sich doch
noch nicht bekehrt haben, die noch nie vom Geiste
geboren wurden; zur zweiten gehören die, welche nicht
bereit sind, Gottes Willen zu tun, noch wollen sie den
Platz nehmen, den Gott ihnen bestimmt hat, sondern
möchten immer einen andern erwählen.

Vielleicht fragen manche: „Haben alle Kinder Gottes
diese Gewissheit?' Nein, ich glaube, es gibt viele unter
Gottes geliebten Kindern, die diese Gewissheit nicht
haben, und doch ist es das Vorrecht eines jeden Kindes

Gottes, Gewissheit seiner Seligkeit, über allen Zweifel, zu besitzen. Kein Zweifelnder ist zum Dienste Gottes bereit. Wenn ein Mann seiner eigenen Seligkeit nicht gewiss ist, wie kann er andere ins Reich Gottes bringen?

Wenn ich in Gefahr des Ertrinkens bin und weiß nicht, ob ich das Ufer je erreichen werde, so kann ich einem anderen nicht helfen. Ich muss erst selbst auf festen Boden gelangen; dann kann ich meinem Bruder eine helfende Hand reichen. Wenn ich blind wäre und wollte einem anderen Blinden sagen, wie er sein Augenlicht wieder bekommen könne, so möchte er mir wohl sagen: „Heile dich doch erst selbst, dann kannst du mir sagen, wie es zu tun ist."

Neulich habe ich einen jungen Mann getroffen, der ein Diener Christi war und doch seine Sünden noch nicht überwunden hatte. Er war noch in tiefer Finsternis. Ein solcher ist nicht zum Dienste Gottes bereit, er hat noch zu große Sünden; und er hat nicht allen Zweifel überwunden, weil er seine Sünden nicht überwunden hat.

Niemand kann Herz oder Zeit haben, Gott zu dienen, der noch nicht von seiner eigenen Seligkeit überzeugt ist. Noch mit eigenem Zweifel belastet, hat er genug zu besorgen; er kann nicht die Last anderer tragen helfen. Es gibt keine Ruhe, keine Freude, keinen Frieden, keine Freiheit und keine Kraft, wo Zweifel und Unsicherheit herrschen.

Es scheint mir, als gäbe es drei Versuchungen des Teufels, gegen die wir uns ganz besonders hüten sollten.

Zum Ersten: er bewegt sein ganzes Reich, uns von Christus fern zu halten; dann bemüht er sich, uns in

„das Schloss des Zweifels" zu bringen; und haben wir dann trotzdem ein klares, weitschallendes Zeugnis für den Sohn Gottes, so tut er sein Möglichstes, unseren Namen anzuschwärzen und unser Zeugnis zu verleugnen.

Es gibt auch wohl Leute, welche denken, es sei vermessen, keinen Zweifel zu hegen; und doch wird Gott durch unsern Zweifel immer entehrt. Sollte jemand sagen, er habe einen Mann dreißig Jahre gekannt und zweifle doch noch an ihm, das wäre gar nicht zu seinem Ruhm; und so, wenn wir Gott zehn, zwanzig, oder dreißig Jahre gekannt haben, wäre es nicht eine Entehrung seiner Glaubwürdigkeit, wenn wir noch an ihm zweifeln?

Könnte Paulus und die ersten Christen und Märtyrer so vieles ertragen haben, wenn ihre Herzen mit Zweifel erfüllt gewesen wären, wenn sie nicht sicher gewusst hätten, dass sie in den Himmel, nicht in die Hölle, eingehen würden, nachdem man sie am Pfahle verbrannt hatte? Sie mussten eine gewisse Zuversicht gehabt haben.

Herr Spurgeon sagt: „Ich habe nie von einem Storch gehört, der sein Recht in Frage stellte, sein Nest auf einen Tannenbaum zu bauen, sobald er einen findet; noch habe ich je von einem Kaninchen gehört, das um Erlaubnis bat, in eine Felsenspalte zu schlüpfen. Diese Geschöpfe würden bald vergehen, sollten sie immer zweifeln und fürchten, sie hätten kein Recht, diese vorsorglichen Verfügungen zu benutzen. Der Storch sagt zu sich: ‚Siehe da, hier ist eine Tanne', und er unterredet sich mit seinem Weibchen auf diese Weise: ‚wird die für unser Nest genügen, in dem wir unsere Jungen aufziehen können?' ‚Ja', sagt sie; so sammeln sie die Werkstoffe und beginnen ihren Bau. Da gibt es keine Beratschlagung: ‚Dürfen wir hier bauen?' sie bringen Reisig und bauen ihr Nest.

Die wilde Ziege auf der Klippe fragt nicht: ‚habe ich ein Recht hier oben?' Nein, sie muss irgendwo sein, und diese Klippe gefällt ihr, und so springt sie da herum.

„Und obschon diese unvernünftigen Tiere die Vorsorge ihres Gottes anerkennen, so erkennt doch der Sünder die Vorsorge seines Heilands nicht. Er zögert und fragt: ‚Darf ich?' und: ‚Ich fürchte, das ist nicht für mich gemeint' und: ‚Ich glaube, es kann nicht für mich sein;' und: ‚Ich fürchte, es möchte nicht wahr sein; es ist doch zu gut.'

„Und doch hat noch niemand zum Storch gesagt: ‚Wer auf dieser Tanne baut, dessen Nest soll man nie zerstören'."

Kein begeistertes Wort ist je zum Kaninchen gesprochen: „Wer in diese Felsenspalte läuft, den soll man nie heraustreiben!' Wäre dies geschehen, so machte es Gewissheit noch gewisser.

„Und hier ist Christus, den Sündern gegeben, gerade ein Erlöser, wie der Sünder einen braucht, und ihm wird zu seiner Ermutigung noch dazu gesagt: ‚Wer zu mir kommt, den werde ich nicht hinausstoßen. Wer da will, der nehme das Wasser des Lebens umsonst'."

Jetzt aber wollen wir zum Worte kommen. Johannes sagt in seinem Evangelium, was Christus auf Erden für uns getan hat, und in seiner Epistel sagt er, was er im Himmel als Fürsprecher für uns tut. In seinem Evangelium gibt es bloß zwei Kapitel, in welchen das Wort „Glaube" nicht erscheint. Mit diesen zwei Ausnahmen ist jedes Kapitel im Evangelium Johannes „Glaube! Glaube!! Glaube!!!" Er sagt uns in Kap. 20, 31: „Diese aber sind geschrieben, dass ihr glaubet, Jesus sei Christ, der Sohn Gottes, und dass ihr durch den Glauben das Leben habt in seinem Namen." Darum hat er das Evangelium geschrieben: „dass wir glauben, Jesus sei Christ, der Sohn Gottes, und dass wir durch den Glauben das Leben haben in seinem Namen."

Jetzt lies in 1. Johannes 5, 13, wo er uns sagt, warum er diese Epistel geschrieben hat: „Das habe ich euch geschrieben, damit ihr wisst, dass ihr das ewige Leben habt, die ihr glaubt an den Namen des Sohnes Gottes"—merke, an wen er sie schreibt: „die ihr glaubt an den Namen des Sohnes Gottes." Es gibt bloß fünf kurze Kapitel in dieser ersten Epistel und das Wort „Wisset" erscheint mehr als vierzig Mal. Es lautet immer: „Wisset! Wisset!! Wisset!!!" Der Schlüssel dazu liegt in diesem „Wisset!" und durch die ganze Epistel klingt dieser Ausruf: „auf dass wir wissen, dass wir das ewige Leben haben."

Vor einigen Jahren reiste ich im Frühjahr zwölfhundert Meilen den Mississippi hinunter. Jeden Abend um Sonnenuntergang könntest du gesehen haben, wie Männer, bisweilen auch Frauen, an beiden Ufern des Flusses auf Maultieren oder Pferden ritten, und manchmal auch zu Fuße gingen, um die Landlichter anzuzünden; so dass längs des ganzen großen Flusses Wegweiser aufgestellt waren, um die Lotsen auf ihrer gefahrvollen Bahn zu führen. So hat auch Gott uns Lichter und Wegweiser gegeben, um uns zu sagen, ob wir seine Kinder sind, oder nicht; und was wir tun müssen, ist, diese Zeichen, die er uns gegeben hat, zu prüfen.

Im dritten Kapitel der ersten Epistel Johannes gibt es fünf Dinge, die unseres Wissens wert sind.

Im fünften Vers lesen wir von der ersten: „Und ihr wisset, dass er ist erschienen, auf dass er unsere Sünden wegnehme, und ist keine Sünde in ihm." Nicht was ich getan habe, sondern was er getan hat. Hat er den Zweck seiner Gesandtschaft verfehlt? Kann er das nicht tun, für welches er erschienen ist? Hat je ein vom Himmel gesandter Mensch darin gefehlt und könnte Gottes eigener Sohn darin fehlen? Er ist erschienen, auf dass er unsere Sünden wegnehme.

Lese ferner im 19. Vers die zweite Sache unseres Wissens wert: „Daran erkennen wir, dass wir aus der Wahrheit sind, und können unser Herz vor ihm stillen." Wir erkennen, wir wissen, dass wir aus der Wahrheit sind. Und wenn uns die Wahrheit frei macht, so sind wir recht frei. „So euch nun der Sohn frei macht, so seid ihr wirklich frei." (Ev. Johannes 8, 36.)

Die dritte Sache unseres Wissens wert steht im 14. Vers: „Wir wissen, dass wir aus dem Tode in das Leben gekommen find, denn wir lieben die Brüder." Der natürliche Mensch hat die Frommen nicht lieb, und ist auch nicht gerne in ihrer Gesellschaft. „Wer den Bruder nicht liebt, der bleibet im Tode." Er hat kein geistliches Leben.

Die vierte wissenswerte Sache finden wir im 24. Vers: „Und wer seine Gebote hält, der bleibt in Gott und Gott in ihm. Und daran erkennen wir, dass er in uns bleibt: an dem Geist, den er uns gegeben hat." Wir wissen, was für einen Geist wir besitzen, wenn wir den Geist Christi haben — einen, gleich wie Christus — nicht in demselben Grad, doch von derselben Art. Bin ich demütig, sanft, verzeihe ich gern; ist mein Geist mit Friede und Freude erfüllt; bin ich langmütig und freundlich, wie der Sohn Gottes, das ist ein Beweis; und so sollen wir auch wissen, ob wir das ewige Licht haben oder nicht.

Die fünfte Sache unseres Wissens wert und die allerbeste, ist: „Meine Lieben, nun" — merke das Wort „nun". Es wird uns nicht gesagt, wenn du stirbst, sondern: „Meine Lieben, wir sind schon Gottes Kinder; es ist aber noch nicht offenbar geworden, was wir sein werden. Wir wissen: Wenn es offenbar wird, werden wir ihm gleich sein; denn wir werden ihn sehen, wie er ist." (Der 2. Vers.)

Doch werden einige unter euch sagen: „Ja, ich glaube das, aber ich habe doch Sünde getan, seit ich ein Diener Christi wurde." Gibt es einen Mann oder eine Frau auf Erden, die nicht Sünde getan haben in ihrem christlichen Leben? Nicht einen! Es ist nie eine einzige Seele auf Erden gewesen und wird auch nie sein, die nicht Sünde getan hat oder Sünde tun wird, manchmal während ihres christlichen Lebens. Aber Gott hat für die Sünden der Gläubigen gesorgt. Wir dürfen nicht für sie sorgen, aber Gott tut es immer. Bedenke das!

Lese nun in 1. Johannes 2, I: „Meine Kinder, dies schreibe ich euch, damit ihr nicht sündigt. Und wenn jemand sündigt, so haben wir einen Fürsprecher bei dem Vater, Jesus Christus, der gerecht ist." Hier schreibt er an die Gerechten — „und wenn jemand sündigt, so haben wir" — Johannes zählt sich auch mit — „einen Fürsprecher bei dem Vater, Jesus Christus, der gerecht ist." Welch ein Fürsprecher! Er sorgt für unser Interesse am allerbesten Ort, dem Throne Gottes. Er hat gesagt: „Aber ich sage euch die Wahrheit: Es ist gut für euch, dass ich weggehe. Denn wenn ich nicht weggehe, kommt der Tröster nicht zu euch. Wenn ich aber gehe, werde ich ihn zu euch senden." (Ev. Joh. 16, 7.) Er ging hin, um unser Hohepriester zu werden und auch unser Fürsprecher. Er hat wohl schlimme Sachen zu verteidigen gehabt, aber er hat noch nie eine Sache verloren! Und wenn du ihm dein unsterbliches Interesse anvertrauest, so wird er dich „hinstellen vor das Angesicht seiner Herrlichkeit mit Freuden." (Ev. Judas 24.)

Die Sünden der Christen sind alle vorbei und vergeben, sobald sie sie bekennen, und sie werden nie wieder erwähnt werden. Das ist eine Frage, die nie wieder eröffnet werden wird. Sobald unsere Sünden weggenommen sind, ist es zu Ende mit ihnen. Sie werden nicht im Gedächtnis getragen und Gott wird sie nie wieder erwähnen.

Das ist ganz klar. Stell dir vor, ich hätte einen Sohn, der während meiner Abwesenheit ein Unrecht beging. Als ich nach Hause komme, wirft er sich an meinen Hals und sagt: „Papa, ich habe getan, was du mir verboten hast. Es tut mir jetzt herzlich leid; bitte, verzeihe mir!" Ich sage: „Gewiss, mein Sohn," und gebe ihm einen Kuss dazu. Er trocknet seine Tränen und geht fröhlich fort. Am nächsten Tage aber sagt er: „Papa, willst du mir das Unrecht verzeihen, das ich gestern begangen habe?" So würde ich wohl sagen: „Die Sache ist schon abgeschlossen, mein Junge; wir wollen sie nicht wieder erwähnen." „Aber willst du mir denn nicht verzeihen? Es würde mir helfen, wenn ich dich sagen hören könnte: ich verzeihe dir?" Würde mir das zur Ehre sein? Würde es mich nicht verletzen, dass mein Sohn so an mir zweifelt? Um ihn aber zu befriedigen, sage ich noch einmal: „Ich verzeihe dir, mein Junge."

Sollte er dann am dritten Tag die alte Sünde nochmals erwähnen und mich wieder um Verzeihung bitten, würde mich das nicht noch tiefer verletzen? Gerade so, mein lieber Leser, wenn uns Gott verziehen hat, wollen wir die Vergangenheit nie wieder erwähnen. Lasst uns vergessen, was dahinten ist, und uns strecken zu dem, was da vorne ist, und jagen nach dem vorgesteckten Ziel, nach dem Kleinod, welches vorhält die himmlische Berufung Gottes in Christus. Lasst die Sünden der Vergangenheit sein, denn „Wenn wir aber unsre Sünden bekennen, so ist er treu und gerecht, dass er uns die Sünden vergibt und reinigt uns von aller Ungerechtigkeit." (1. Johannes 1, 9.)

Und ich mochte noch sagen, dass dieses auch in Gerichtsführungen gebräuchlich ist. Zum Beispiel: eine Sache stand vor einem Landesgericht — ich will nicht sagen, wo es war — worin ein Mann Streit mit seiner Frau hatte. Ehe er sie aber vor Gericht brachte, hatte er ihr vergeben. Als der Richter das erfuhr, sagte.er, dass das die Sache erledige; er erkannte die Rechtlichkeit des Gesetzes, welches sagt, sobald eine Schuld vergeben ist, sobald ist es damit zu Ende.

Und denkst du, dass der Richter der ganzen Welt dir

und mir vergeben würde, um später die Sache wieder hervorzubringen? Wenn Gott uns vergibt, so sind unsere Sünden fort für Zeit und Ewigkeit; was wir tun müssen, ist, unsere Sünden zu bekennen und sie zu lassen.

Wieder in 2. Korinther 13, 5: „Erforscht euch selbst, ob ihr im Glauben steht; prüft euch selbst! Oder erkennt ihr an euch selbst nicht, dass Jesus Christus in euch ist? Wenn nicht, dann wäret ihr ja nicht bewährt." Nun erforscht euch selbst! Prüfet eure Religion! Probiert sie! Kannst du einem Feind vergeben? Das ist eine Prüfung, woran du wissen kannst, ob du ein Kind Gottes bist. Kannst du ein Unrecht gegen dich verzeihen, oder eine Beleidigung hinnehmen, wie Christus es getan hat? Kann man dich tadeln, wenn du Gutes tust, ohne darüber zu murren? Wenn man dich falsch beurteilt und verleumdet, bewahrst du dabei immer einen christlichen Sinn?

Noch eine gute Prüfung: Lies das fünfte Kapitel in der Epistel an die Galater und beachte da die Frucht des Geistes und siehe, ob du sie auch besitzest: „Die Frucht aber des Geistes ist Liebe, Freude, Friede, Geduld, Freundlichkeit, Gütigkeit, Glaube, Sanftmut, Keuschheit. Gegen solche ist das Gesetz nicht." Und wenn ich die Frucht des Geistes habe, so muss ich auch den Geist haben, der sie erzeugt, ebenso wie es kein Obst ohne Obstbäume geben könnte. Und Christus sagt auch, „An ihren Früchten sollt ihr sie erkennen." Denn der Baum wird an seiner Frucht erkannt. Veredle den Baum, so wird auch die Frucht edel sein. Und du kannst die Frucht nur haben, wenn du den Geist hast. In solcher Weise können wir uns prüfen, ob wir Kinder Gottes sind.

Und noch eine merkwürdige Stelle in Römer 8. 9. Paulus sagt da: „Wer aber Christi Geist nicht hat, der ist nicht sein." Das sollte alles bestimmen, obgleich man allen erforderlichen äußerlichen Gebräuchen nachgekommen ist, um ein Mitglied der Kirche zu werden.

Lies das Leben Pauli und dann vergleiche das deine damit. Wenn es seinem ähnlich ist, so ist das ein Beweis, dass du von Neuem geboren bist, dass du eine neue Kreatur in Jesus Christus geworden bist.

Und wenn du auch von Neuem geboren bist, so braucht es doch noch Zeit, ein vollkommener Diener Jesu Christi zu werden. Rechtfertigung ist augenblicklich, aber Heiligung erfordert das ganze Leben. Wir sollen in Weisheit wachsen. Petrus sagt: „Wachset aber in der Gnade und Erkenntnis unseres Herrn und Heilands Jesus Christus." (2. Petrus 3, 18); und auch im ersten Kapitel dieser Epistel: „und reichet dar in eurem Glauben Tugend, und in der Tugend Bescheidenheit, und in der Bescheidenheit Mäßigkeit, und in der Mäßigkeit Geduld, und in der Geduld Gottseligkeit, und in der Gottseligkeit brüderliche Liebe, und in der brüderlichen Liebe gemeine Liebe. Denn wo solches reichlich bei euch ist, wird es euch nicht faul noch unfruchtbar sein lassen in der Erkenntnis unseres Herrn Jesu Christi." So sollen wir Tugend zu Tugend tun. Ein Baum kann in seinem ersten Jahr wohl recht wachsen, aber er erreicht doch seine Reife noch nicht. Gerade so mit dem Menschen; er kann ein rechtes Kind Gottes sein, und doch noch nicht ein reifer Diener Christi.

Das achte Kapitel an die Römer ist ein sehr wichtiges, und wir sollten es gut kennen. Im 14. Vers sagt der Apostel: „Denn welche der Geist Gottes treibt, die sind Gottes Kinder." Gerade wie der Soldat von seinem General geführt wird, der Schüler von dem Lehrer, und der Reisende von seinem Führer, so ist der Heilige Geist der Führer eines jeden wahren Kindes Gottes.

Und aus noch eins lasse mich dich aufmerksam machen. Alle Lehren Pauli, in fast jeder Epistel, verkünden diese Versicherung. Er sagt in 2. Korinther 5, 1: „Denn wir wissen: Wenn unser irdisches Haus, diese Hütte, abgebrochen wird, so haben wir einen Bau, von Gott erbaut, ein Haus, nicht mit Händen gemacht, das ewig ist im Himmel." Er hatte einen Rechtsanspruch auf das himmlische Haus und er sagt — „ich weiß es." Er lebte nicht in Ungewissheit. Er sagte noch: „Ich habe Lust, aus der Welt zu scheiden und bei Christus zu sein, was auch viel besser wäre; aber es ist nötiger, im Fleisch zu bleiben um euretwillen." (Philipper 1, 23-24); wäre er in Ungewissheit gewesen, so hätte er das sicherlich nicht gesagt. Und in Kolosser 3, 4 sagt er: „Wenn aber Christus, euer Leben, offenbar wird, dann werdet ihr auch offenbar werden mit ihm in Herrlichkeit." Es ist mir gesagt worden, dass das Grabmal des Dr. Watts diesen Spruch der Heiligen Schrift trägt. Man findet da keinen Zweifel.

Dann wende ein Blatt um und lese Kolosser 1,12-13: „Sagt Dank dem Vater, der euch tüchtig gemacht hat zu dem Erbteil der Heiligen im Licht. Er hat uns errettet aus der Macht der Finsternis und hat uns versetzt in das Reich seines geliebten Sohnes."

Dreimal „hat": „Hat uns tüchtig gemacht;" „hat uns errettet;" „hat uns versetzt." Es heißt nicht, dass er uns tüchtig machen werde; dass er uns erretten werde; dass er uns versetzen werde.

Und wieder im 14. Vers: „in dem wir die Erlösung haben, nämlich die Vergebung der Sünden." Uns wurde entweder vergeben oder nicht; und wir sollten uns nicht zufrieden geben, bis wir ins Reich Gottes gelangen, bis wir, ein jeder von uns, aufsehen können und sagen: „Ich weiß, so mein irdisches Haus dieser Hütte zerbrochen wird, dass ich einen Bau habe, von Gott erbauet, ein Haus, nicht mit Händen gemacht, das ewig ist, im Himmel." (2. Korinther 5, 1.)

Nun siehe Römer 8, 32: „Der auch seinen eigenen Sohn nicht verschont hat, sondern hat ihn für uns alle dahingegeben – wie sollte er uns mit ihm nicht alles schenken?" Wenn er uns seinen Sohn gegeben hat, wird er uns nicht auch die Versicherung geben, dass er unser ist? Ich habe diese Erläuterung einst gehört: Ein Mann hatte eine Schuld und wäre zu Grunde gegangen, wenn nicht ein Freund gekommen wäre, um das Geld für ihn zu bezahlen. Nachdem aber stellte es sich heraus, dass er noch eine kleine Summe schuldig war, doch zweifelte er keinen Augenblick, dass sein Freund auch diesen kleinen Betrag berichtigen werde, da er die große Schuld schon bezahlt hatte.

Und wir haben die höchste Versicherung, dass, da uns Gott seinen Sohn gegeben hat, er uns mit ihm auch alles schenken wird; und wenn wir unsere Seligkeit über alle Bestreitung erkennen wollen, so wird er uns nicht in Finsternis lassen.

Wieder im 33.-39. Vers: „Wer will die Auserwählten Gottes beschuldigen? Gott ist hier, der gerecht

macht. Wer will verdammen? Christus Jesus ist hier,
der gestorben ist, ja mehr noch, der auch auferweckt ist,
der zur Rechten Gottes ist und für uns eintritt. Wer will
uns scheiden von der Liebe Christi? Trübsal oder Angst
oder Verfolgung oder Hunger oder Blöße oder Gefahr
oder Schwert? Wie geschrieben steht: ‚Um deinetwillen
werden wir getötet den ganzen Tag; wir sind geachtet
wie Schlachtschafe.' Aber in dem allen überwinden
wir weit durch den, der uns geliebt hat. Denn ich bin
gewiss, dass weder Tod noch Leben, weder Engel noch
Mächte noch Gewalten, weder Gegenwärtiges noch
Zukünftiges, weder Hohes noch Tiefes noch irgendeine
andere Kreatur uns scheiden kann von der Liebe Gottes,
die in Christus Jesus ist, unserm Herrn." Das hat den
rechten Klang. Da ist Gewissheit. „Ich bin gewiss." Und
denkst du, dass Gott, der mich gerechtfertigt hat, mich
verdammen wird? Das wäre große Torheit. Gott wird
uns erlösen, so dass weder Mensch, Engel noch Teufel
Beschuldigung gegen uns oder ihn bringen kann. Er
wird sein Werk vollkommen machen.

Hiob lebte in dunkleren Zeiten als wir; doch lesen
wir in Hiob 19, 25: „Aber ich weiß, dass mein Erlöser
lebt, und als der Letzte wird er über dem Staub sich
erheben."

Dieselbe Zuversicht spricht aus den Worten Pauli
an Timotheus: „Aus diesem Grund leide ich dies alles;
aber ich schäme mich dessen nicht; denn ich weiß, an
wen ich glaube, und bin gewiss, dass er bewahren kann,
was mir anvertraut ist, bis an jenen Tag." (2. Tim. 1,12.)
Da ist keine Rede von Zweifel, alles ist Gewissheit. „Ich
weiß," „ich bin gewiss." Das Wort „Hoffnung" wird in

der Bibel nicht gebraucht, um Zweifel auszudrücken, sondern mit Bezug auf das zweite Kommen Christi, oder die Auferstehung des Leibes. Wir sollten nicht sagen, dass wir „hoffen", dass wir Diener Christi sind. Ich sage nicht, ich „hoffe", dass ich ein Amerikaner bin, oder ich „hoffe", dass ich ein Ehemann bin, dies sind alle entschiedene Sachen. Ich kann sagen, dass ich „hoffe", wieder nach Hause zu gelangen, oder dass ich „hoffe", einer Versammlung beizuwohnen. Ich sage nicht, ich „hoffe", nach diesem Lande zu kommen, da ich ja schon hier bin. Ebenso wenn wir von Gott geboren sind, so wissen wir es, und er wird uns nicht im Dunkeln lassen; wenn wir nur in der Heiligen Schrift forschen.

Christus hat auch diese Lehre seinen siebzig Jüngern gegeben, als sie zurückkehrten von ihrer Missionsreise und durch Erfolg übermütig gemacht, ausriefen: „Herr, es sind uns auch die Teufel Untertan in deinem Namen." Der Herr hat sie zurechtgewiesen, und sagte, er wolle ihnen etwas geben, worüber sie sich freuen dürften: „Doch darüber freut euch nicht, dass euch die Geister untertan sind. Freut euch aber, dass eure Namen im Himmel geschrieben sind." (Ev. Lukas 10, 20.)

Es ist unser aller Vorrecht, über allen Zweifel zu wissen, dass unsere Seligkeit sicher ist. Dann können wir auch für andere sorgen. Sind wir aber in Ungewissheit über unsere eigene Seligkeit, so sind wir nicht tüchtig zum Dienste Gottes.

Noch eine Stelle in Ev. Johannes 5, 24: „Wahrlich, wahrlich, ich sage euch: Wer mein Wort hört und glaubt dem, der mich gesandt hat, der hat das ewige Leben und kommt nicht in das Gericht, sondern er ist vom Tode zum Leben hindurchgedrungen." Manche sagen, dass niemand wissen kann, ob er selig sei, bis er vor dem großen, weißen Thron des Gerichts stehe.

Mein lieber Freund, wenn dein Leben mit Christus in Gott verborgen ist, so wirst du nicht wegen deiner Sünden in das Gericht kommen. Wir werden wohl in das Gericht kommen, um unsere Belohnung zu erhalten. Das wird uns ganz deutlich gelehrt in dem Gleichnis, wo der Herr Abrechnung hält mit dem Knecht, dem er fünf Dollar gegeben hatte, und der andere fünf Dollar brächte und sagte: „Herr, du hast mir fünf Dollar anvertraut; siehe da, ich habe fünf Dollar dazugewonnen. Da sprach sein Herr zu ihm: Recht so, du guter und treuer Knecht, du bist über wenigem treu gewesen, ich will dich über viel setzen; geh hinein zu deines Herrn Freude!" (Ev. Matthäus 25, 20 -21.)

Wir werden wegen der Verwaltung unserer Güter gerichtet werden. Das ist eine Sache; und die Seligkeit — das ewige Leben — ist eine ganz andere Sache.

Wird Gott eine zweite Bezahlung fordern für die Schuld, die Christus schon für uns bezahlt hat? Wenn Christus meine Sünden auf seinem Leibe am Kreuz getragen hat, muss ich auch noch Rechenschaft für sie geben?

Jesaja sagt uns: „Aber er ist um unsrer Missetat willen verwundet und um unsrer Sünde willen zerschlagen. Die Strafe liegt auf ihm, auf dass wir Frieden hätten, und durch seine Wunden sind wir geheilt." (53, 5.) und in Römer 4, 25 lesen wir: „Welcher ist um unsrer Sünden willen dahingegeben und um unsrer Rechtfertigung willen auferweckt." Lasst uns nur glauben und den Segen seines vollendeten Werkes nehmen.

Dann wieder in Johannes 10, 9: „Ich bin die Tür; wenn jemand durch mich hineingeht, wird er selig werden und wird ein und aus gehen und Weide finden." Das ist die Verheißung. Dann noch im 27. - 29. Vers: „Meine Schafe hören meine Stimme, und ich kenne sie und sie folgen mir; und ich gebe ihnen das ewige Leben, und sie werden nimmermehr umkommen, und niemand wird sie aus meiner Hand reißen. Was mir mein Vater gegeben hat, ist größer als alles, und niemand kann es aus des Vaters Hand reißen." Denk nur! Der Vater, der Sohn und der Heilige Geist haben versprochen, uns zu erhalten. Siehst du, wie das nicht bloß der Vater oder der Sohn ist, sondern alle drei Personen des dreieinigen Gottes?

Viele Leute aber wollen noch ein Zeichen außer dem Worte Gottes haben. Solche Gewohnheit bringt immer Zweifel. Sollte ich jemand versprechen, ihn morgen zu gewisser Stunde und Ort zu treffen, und er sollte meine Uhr fordern, als ein Zeichen meiner Redlichkeit, das wäre doch eine Schmähung meiner Zuverlässigkeit. Wir müssen nicht in Zweifel ziehen, was Gott gesagt hat. Er hat uns Versprechen auf Versprechen und Beispiel auf Beispiel gegeben. Christus sagt: „Ich bin die Tür; wenn jemand durch mich hineingeht, wird er selig werden." „Ich bin ein guter Hirte und erkenne die Meinen, und bin bekannt den Meinen." „Ich bin das Licht der Welt, wer mir nachfolget, der wird nicht wandeln in Finsternis, sondern wird das Licht des Lebens haben." „Ich bin die Wahrheit", nehmet mich auf, so werdet ihr die Wahrheit haben, denn ich bin die Offenbarung der Wahrheit. Willst du den Weg wissen? „Ich bin der

Weg", folge mir, ich werde dich in das Königreich ein-
führen. Hungert dich nach der Gerechtigkeit? „Ich bin
das Brot des Lebens", wenn du von mir isst, wird dich
nie wieder hungern. „Ich bin das Wasser des Lebens",
wenn du von diesem Wasser trinkest, so wird es in
dir „ein Brunnen des Wassers, das in das ewige Leben
quillet". „Ich bin die Auferstehung und das Leben. Wer
an mich glaubt, der wird leben, ob er gleich stürbe; und
wer da lebt und glaubt an mich, der wird nimmermehr
sterben." (Ev. Johannes 11, 25-26.)

Ich möchte euch noch daran erinnern, wo unser Zweifel
herkommt. Viele unter Gottes lieben Kindern erkennen
sich immer bloß als Knechte. Er nennt uns Freunde. Wenn
du in einem Hause bist, so siehst du bald einen großen
Unterschied zwischen Knecht und Sohn. Der Sohn geht
frei im ganzen Haus herum, er ist doch zu Hause. Der
Knecht aber hat eine niedrige Stellung. Wir müssen weit
mehr als Knechte werden. Wir sollten unsere Stellung
als Söhne und Töchter Gottes anerkennen, und er wird
seine Kinder nie ihrer „Kindschaft" berauben. Gott hat
uns nicht bloß angenommen, wir sind die Seinen durch
unsere Geburt, wir sind in sein Reich geboren.

Mein kleiner Sohn gehörte zu mir eben so, als er
einen Tag alt war, wie jetzt, da er 14 Jahre alt ist. Er war
schon mein Sohn, obwohl noch nicht zu erkennen war,
was er sein wird, wenn er das Mannesalter erreicht. Er
gehört zu mir, obwohl er Prüfungen unterworfen ist
durch Lehrer und Erzieher. Die Kinder Gottes sind nicht
vollkommen; und doch sind wir völlig seine Kinder.

Noch ein Grund des Zweifels liegt darin, dass wir
uns selbst ansehen.

Wenn du elend und unglücklich sein willst, von früh bis spät mit Zweifel gequält, siehe dich selbst an. „Wer festen Herzens ist, dem bewahrst du Frieden; denn er verlässt sich auf dich." (Jesaja 26, 3.) Viele unter Gottes lieben Kindern besitzen diesen Frieden nicht, weil sie immer auf sich sehen.

Es hat jemand gesagt: „Es gibt drei Richtungen, wohin zu sehen. Wenn du unglücklich sein willst, so siehe nach innen, auf dich selbst; wenn du Zerstreuung haben willst, so siehe um dich; wenn du aber im Frieden sein willst, dann siehe nach oben."

Petrus sah von Christus weg, und sogleich fing er an zu sinken. Der Herr sagte ihm: „Du Kleingläubiger, warum hast du gezweifelt?" (Ev. Matthäus 14, 31.)

Er hatte das ewige Wort Gottes, das war fester Boden und besser als Marmor, Granit oder Eisen; aber in dem Augenblick, da er seine Augen von Christus abwandte, sank er. Die, welche immer umherschauen, können auch nicht sehen, wie unsicher und schändlich ihr Lauf ist. Wir müssen geradezu auf Den sehen, der der „Anfänger und Vollender des Glaubens" ist.

Da ich noch ein Knabe war, konnte ich bloß einen geraden Pfad durch den Schnee machen, wenn ich meine Augen auf einen Baum oder sonst einen Gegenstand vor mir haften ließ. Sobald ich aber meine Augen, von dem mir vorgesteckten Ziele abwandte, ging ich krumm. Bloß wenn wir fest auf Christus sehen, finden wir völligen Frieden. Nachdem er vom Tode auferstanden war, zeigte er seinen Jüngern seine Hände und Füße, und darin fanden sie den Grund ihres Friedens.

Willst du deinen Zweifel zerstreuen, so sieh das Blut

Christi an, und willst du deinen Zweifel noch größer machen, so sieh dich nur selbst an. Du wirst Zweifel genug für viele Jahre finden, wenn du dich ein paar Tage mit dir selbst beschäftigst.

Dann noch dies: Siehe was Christus ist, und was er getan hat, nicht was du bist und was du getan hast. So wirst du Frieden und Ruhe, finden.

Abraham Lincoln ließ eine Proklamation ergehen, die drei Millionen Slaven ihre Freiheit bringen sollte. An einem Tage sollten ihre Ketten abfallen, und sie sollten frei sein. Die Proklamation wurde an allen Bäumen und Zäunen geheftet, wo die Armee vorbeiging. Viele Slaven konnten gar nicht lesen; aber manche lasen die Proklamation, und die meisten glaubten daran; und an einem Tage erscholl der Freudenruf: „Wir sind frei." Einige glaubten nicht daran und blieben bei ihren Herren, aber das veränderte die Sache nicht, sie waren dennoch frei. Christus, der Anführer unserer Seligkeit, hat auch Freiheit verkündet allen, die an ihn glauben. Lasst uns ihm vertrauen. Was sie fühlten, machte die Slaven nicht frei, die Macht musste von außen kommen. Wenn wir uns selbst nur ansehen, so werden wir nicht frei werden, wir müssen mit dem Auge des Glaubens aus Christus sehen.

Bischof Ryle hat in auffallender Weise gesagt: „Der Glaube ist die Wurzel, die Gewissheit, die Blume." Es versteht sich, dass du die Blume nie ohne die Wurzel haben kannst; aber es ist auch nicht weniger gewiss, dass du die Wurzel ohne die Blume haben kannst.

Der Glaube ist die arme zitternde Frau, die im Volk hinter Jesu trat und sein Kleid berührte. (Ev. Markus 5, 27.)

Die Gewissheit ist Stephanus, wie er ruhig mitten unter seinen Mördern stand und sagte: „Siehe, ich sehe den Himmel offen und den Menschensohn zur Rechten Gottes stehen." (Apg. 7, 56.)

„Der Glaube ist der reuige Übeltäter, da er bat: ‚Jesus, gedenke an mich, wenn du in dein Reich kommst.'" (Ev. Lukas 23, 42) und die Gewissheit ist Hiob, wie er im Staube dasitzt, mit Schwären bedeckt, und sagt: ‚Siehe, auch wenn er mich umbringt, warte ich auf ihn; fürwahr, ich will meine Wege vor ihm verantworten.' (Hiob 13, 15)

„Der Glaube ist die Angst Petri, als er zu sinken anfing und zu ertrinken fürchtete und schrie: Herr, rette mich!" (Matth. 14, 30.) und die Gewissheit ist derselbe Petrus, als er nach Jahren vor der Kirchenversammlung erklärte: ‚Das ist der Stein, von euch Bauleuten verworfen, der zum Eckstein geworden ist. Und in keinem andern ist das Heil, auch ist kein andrer Name unter dem Himmel den Menschen gegeben, durch den wir sollen selig werden.' (Apg. 4, 11-12.)

„Der Glaube ist die ängstliche, bebende Stimme: ‚Ich glaube, lieber Herr, hilf meinem Unglauben." (Ev. Markus 9, 24.) Gewissheit die dreiste Aufforderung: ‚Wer will die Auserwählten Gottes beschuldigen? Wer will verdammen?' (Römer 9, 33)

„Der Glaube ist Paulus, als er im Hause Judas zu Damaskus betete, traurig, blind und allein. (Apg. 9, 11.) Gewissheit ist Paulus, ein greiser Gefangener, wie er ruhig zum Grab hinsieht und sagt: ‚Ich weiß, an welchen ich glaube. Hinfort liegt für mich bereit die Krone der Gerechtigkeit.' (2. Tim. 1, 12; 4, 8.)

Der Glaube ist das Leben. Was für ein großer Segen! Wer kann den Abgrund zwischen Leben und Tod ermessen? Und doch kann das Leben schwach, kränklich, ungesund, schmerzvoll, angstvoll, abgezehrt, lästig, ohne Freude und Lächeln bis ans Ende sein. Die Gewissheit ist noch mehr als das Leben. Sie ist Gesundheit, Kraft, Macht, Stärke, Tätigkeit, Energie, Männlichkeit, Schönheit."

Ein Geistlicher hat die Einsegnung einst in folgender Weise ausgedrückt: „Das Herz Gottes uns zu bewillkommnen, das Blut Christi uns zu reinigen; und der Heilige Geist uns zu festigen." Die Gewissheit der Gläubigen ist der Erfolg des Wirkens des Geistes Gottes.

Ein anderer Schriftsteller sagt: „Ich habe gesehen, wie Sträucher und Bäume aus den Felsen wuchsen und über fürchterliche Abgründe, brausende Wasserfälle und tiefe Flüsse hingen und doch fest hielten, und ihre Blätter und Zweige sprossen hervor, gerade als ständen sie mitten im dichten Walde." Weil sie fest im Felsen hielten, waren sie geschützt, und das Einwirken der Natur erhielt ihr Leben. Gerade so sind die Gläubigen auf ihrer Reise nach dem Himmel oft den schrecklichsten Gefahren ausgesetzt; aber so lange sie „eingewurzelt und gegründet" sind im „Fels des Heils", sind sie völlig geschützt. Ihr Halt an ihm ist ihre Zuversicht; und der Segen seiner Gnade gibt ihnen das Leben und erhält sie im Leben. Und wie der Baum sterben muss, oder der Fels fallen, ehe eine Trennung zwischen ihnen geschehen kann, so muss der Gläubige sein geistliches Leben verlieren, oder der Fels des Heils muss zerfallen, ehe auch ihre Verbindung aufgelöst werden kann.

Jesaja sagt vom Herrn Jesu Christus „Und ich will ihn zum Nagel stecken an einen festen Ort, und soll haben den Stuhl der Ehren in seines Vaters Hause, dass man an ihn hänge alle Herrlichkeit seines Vaters Hauses, Kind und Kindeskinder, alle kleine Geräte, beide Trinkgefäße und allerlei Saitenspiel." (Jesaja 22, 23. 24.)

Es gibt einen Nagel, der in einen festen Ort gesteckt ist; und an ihm hängen alle Trinkgefäße. „O", sagt eine kleine Tasse, „ich bin so klein und so schwarz, sollte ich fallen?" „O", sagt eine Flasche, „du brauchst dich nicht zu fürchten, aber ich bin so schwer, so sehr schwer, sollte ich fallen?" Und ein kleiner Becher sagt: „Wäre ich nur wie jener goldene Becher, so würde ich nie fürchten, dass ich falle." Aber der goldene Becher antwortet: „Es ist nicht, weil ich von Gold bin, dass ich so fest anhalte, sondern weil ich am Nagel hänge." Wenn der Nagel los lässt, so werden wir Alle hinunter fallen: goldene Becher, Porzellantassen, Blechgeschirr, Alle; aber so lange der Nagel fest ist, sind Alle, die an ihm hängen, ganz sicher.

Ich habe einst diese Worte auf einem Grabmal gelesen: „Geboren, gestorben, erhalten." Wir wollen immer beten, dass Gott uns erhalte in völligem Frieden und in Gewissheit unserer Seligkeit.

Christus Alles und in Allen.

„Da ist nicht mehr Grieche oder Jude,
Beschnittener oder Unbeschnittener,
Nichtgrieche, Skythe, Sklave, Freier,
sondern alles und in allen Christus."
(Kolosser 3,11.)

Christus ist alles, was wir ihn machen. Ich möchte das Wort „Alles" besonders betonen. Manche Menschen machen ihn „eine Wurzel aus dürrem Erdreich," und „ohne Gestalt noch Schönheit." Für Solche ist er gar nichts, die wollen ihn nicht haben. Dann gibt es auch Christen, die nur einen ganz kleinen Heiland haben, denn sie wollen ihn nicht in seiner ganzen Fülle aufnehmen, so dass er große und mächtige Dinge für sie tun könnte. Andere besitzen einen mächtigen Heiland, weil sie ihn groß und mächtig sein lassen

Wenn wir wissen wollen, was Christus für uns sein

möchte, so müssen wir ihn erst als den Erlöser von unsern Sünden anerkennen. Als der Engel vom Himmel kam, um seine Geburt anzukündigen, wirst du dich wohl erinnern, dass er auch seinen Namen gab. „Mit Namen sollst du Jeus (Seligmacher) heißen; denn er wird sein Volk selig machen von ihren Sünden." Sind wir von unsern Sünden erlöst? Er ist nicht gekommen, um uns in unsern Sünden selig zu machen, sondern von unsern Sünden. Es gibt drei Weisen, auf die wir einen Menschen kennen können. Manche Menschen kennt man bloß durch das Gerücht; andere hat man vielleicht einmal getroffen und ward ihnen vorgestellt, und so kennt man sie bloß oberflächlich; noch andere kennt man seit Jahren, und so ganz innig. Gerade so, glaube ich, gibt es heute drei Klassen unter den Menschen in der christlichen Kirche und außerhalb derselben; die, welche Christus bloß durch Lesen oder Hörensagen kennen, solche kennen bloß einen geschichtlichen Christus; die, welche in oberflächlicher Bekanntschaft mit ihm stehen; und die, welche es dürstet, wie Paulus: „ihn zu erkennen und die Kraft seiner Auferstehung." Je mehr wir Christus erkennen, je mehr werden wir ihn lieben, und je besser ihm dienen.

Lasst uns ihn betrachten, wie er am Kreuze hängt, und sehen, wie er die Sünde weggenommen hat. Er war offenbart, dass er unsere Sünden wegnehme, und wenn wir ihn wirklich erkennen, so müssen wir ihn zuerst als den Erlöser von unsern Sünden erkennen.

Du erinnerst dich wohl, wie die Engel den Hirten auf dem Felde zu Bethlehem sagten: „Siehe, ich verkündige euch große Freude, die allem Volk widerfahren wird; denn euch ist heute der Heiland geboren, welcher ist Christus der Herr, in der Stadt Davids." (Ev. Lukas 2,10. 11.) Dann gehe zurück zu Jesaja, siebenhundert Jahre vor der Geburt Christi, und da wirst du diese Worte finden: „Ich, ich bin der Herr, und ist außer mir kein Heiland". (Jesaja 43, 11.)

Und wieder in der 1. Epistel Johannes 4, 14: „Wir haben gesehen und zeugen, dass der Vater den Sohn gesandt hat als Heiland der Welt."

Alle heidnischen Religionen lehren, dass die Menschen ihren Weg zu Gott erwerben müssen; aber die Religion Jesu Christi ist, Gott ist zu den Menschen herunter gekommen, sie zu erlösen und aus der Tiefe ihrer Sünden herauszuheben.

In Ev. Lukas 19, 10 lesen wir, wie Christus selbst den Menschen sagt, warum er gekommen sei: „Denn der Menschen Sohn ist gekommen, zu suchen und selig zu machen, das verloren ist." So fangen wir mit dem Kreuze an, nicht mit der Wiege. Christus hat uns einen neuen und lebendigen Weg zum Vater geöffnet; er hat jeden Stein des Anstoßes weggenommen, auf dass ein jeder, der Christus als seinen Heiland anerkennt, die Seligkeit erhalten kann.

Aber Christus ist nicht bloß der Heiland. Ich könnte einen Mann vom Ertrinken retten, ihn vor einem frühen Grabe bewahren, und weiter könnte ich wahrscheinlich nichts mehr für ihn tun. Christus ist aber mehr als ein Heiland – ein Retter.

Als die Kinder Israel hinter das Blut gebracht wurden, so war das Blut ihre Rettung, und doch, wären sie nicht auch von dem ägyptischen Joch erlöst, so hätten sie noch immer den Peitschenknall des Sklaventreibers gehört. Dann war es, dass Gott sie aus der Hand des Königs von Ägypten erlöste. Ich habe wenig Sympathie für die Meinung, dass Gott herunter kommt, uns zu erlösen, und uns dann doch im Gefängnis lässt, als Sklaven unserer ärgsten Sünden. Nein, er ist gekommen, uns zu erlösen, und uns den Sieg über unsre bösen Geister, unsere Leidenschaften und Wollust zu geben. Bist du ein anerkannter Diener Christi und doch noch der Sklave einer besonderen Sünde? Willst du den Sieg über solche Leidenschaft gewinnen, so ergreife Christus noch inniger. Er bringt Erlösung von der Vergangenheit, der Gegenwart und der Zukunft. „Der uns aus solcher Todesnot errettet hat und erretten wird. Auf ihn hoffen wir, er werde uns auch hinfort erretten." (2. Korinther 1, 10).

Wie oft sind wir wie die Kinder Israel, als sie an das Rote Meer kamen, ganz mutlos, weil alles vor uns, hinter uns, und um uns so finster erscheint, und wir nicht wissen, wohin uns zu wenden, und haben wie Petrus gesagt: „Wohin sollen wir gehen?" Aber Gott ist zu unsrer Rettung erschienen. Er hat uns durch das Rote Meer gebracht, durch die Wüste, und uns den Weg zum Land der Verheißung geöffnet. Aber Christus ist nicht bloß unser Heiland — unser Retter — er ist unser Erlöser. Das meint noch mehr als Retter. Er hat uns zurückgebracht. „Ihr seid umsonst verkauft, ihr sollt auch ohne Geld ausgelöst werden." (Jesaja 52, 3.) Wir sind nicht mit vergänglichem Silber oder Gold erlöst. (1. Petri 1, 18.) hätte uns Gold erlösen können, könnte er nicht zehntausend Welten voller Gold erschaffen haben?

Nachdem Gott die Kinder Israel aus der ägyptischen Sklaverei erlöst und sie durch das Rote Meer gebracht hatte, machten sie sich auf nach der Wüste, und da wurde Gott ihr Weg. Ich bin von Herzen dankbar, dass Gott uns nicht in Zweifel gelassen hat wegen des rechten Weges. Es gibt keinen Einzigen auf Erden, der in der Finsternis herumtappt, der den Weg nicht wissen könnte. „Ich bin der Weg," sagt Christus. Wenn wir nur Christus nachfolgen, so gehen wir auf rechtem Wege und haben die rechte Lehre. Wer anders könnte die Kinder Israel durch die Wüste geführt haben als der allmächtige Gott? Er wusste, wo alle Fallgruben und Gefahren auf dem Wege waren, und er führte das Volk auf der langen Reise durch die Wüste richtig in das verheißene Land. Es ist aber auch wahr, wenn es nicht ihres abscheulichen Unglaubens halber gewesen wäre, so wären sie gleich bei Kadesch-Barnea ins gelobte Land gekommen und hätten es in Besitz genommen. Sie forderten aber mehr als Gottes Wort, darum kehrte er sie um, und sie mussten noch vierzig Jahre in der Wüste wandern. Ich glaube, Tausende von Gottes Kindern wandern noch heute in der Wüste. Der Herr hat sie aus der Hand der Ägypter erlöst, und möchte sie auch gleich durch die Wüste ins Land der Verheißung führen, wenn sie nur Christus nachfolgen wollten. Christus ist hier unter uns gewesen, und hat die unebenen Wege grade gemacht, die finstern Orte hell, und alles, was krumm war, richtig.

Wenn wir uns nur von ihm führen lassen, und ihm nachfolgen wollen, so wird alles Friede und Freude und Ruhe werden.

Wenn ein Mann im Walde wohnt und auf die Jagd geht, so nimmt er immer ein Beil mit sich, und wie er durch den Wald geht, so schlägt er Stücke von der Rinde der Bäume ab; man nennt das „den Weg lichten", und er tut es, damit er seinen Weg wieder zurück finde, denn es gibt keine Pfade durch die dichten Wälder. Christus ist in diese Welt gekommen, und er hat uns „den Weg gelichtet"; und nun, da er nach oben gegangen ist, wenn wir ihm nur nachfolgen wollen, so werden wir auf dem rechten Wege bleiben. Ich will dir sagen, wie du wissen kannst, ob du Christus nachfolgst. Wenn dich jemand verleumdet oder falsch beurteilt hat, bist du mit ihm umgegangen, wie es dein Herr tun würde? Wenn du solche Sachen nicht mit liebendem und vergebendem Herzen erträgst, dann können alle Kirchen und Prediger auf Erden dich nicht gerecht machen. „Wer aber Christi Geist nicht hat, der ist nicht sein "(Römer 8, 9.) „Ist jemand in Christus, so ist er eine neue Kreatur; das Alte ist vergangen, siehe, Neues ist geworden." (2. Kor. 5, 17.)

Christus ist nicht bloß unser Weg, er ist auch das Licht aus dem Wege. Er sagt: „Ich bin das Licht der Welt." (Ev. Joh. 8, 12; 9, 5; 12, 46.) und er sagt noch weiter: „Ich bin als Licht in die Welt gekommen, auf dass, wer an mich glaubt, nicht in der Finsternis bleibe." Es ist gar nicht möglich, dass ein Mann oder eine Frau, die Christus nachfolgen, noch in Finsternis wandeln. Wenn deine Seele in Finsternis ist, und im Nebel und Dunkel der Welt herumtastet, lasse mich dir sagen, dass das so mit dir steht, weil du vom wahren Licht abgewichen bist. Nichts als das Licht kann die

Finsternis vertreiben. Darum mögen die, die in geistlicher Finsternis wandeln, Christus in ihre Herzen aufnehmen: ER ist das Licht.

Ich kenne ein Bild, das mir einst sehr wertvoll war, jetzt aber, da ich es näher betrachtet habe, würde ich es nicht in meinem Hause an die Wand hängen, außer ich wende es mit dem Gesicht gegen die Wand. Es stellt Christus dar, wie er an einer Tür klopft, mit einer großen Laterne in der Hand. Du könntest ebenso der Sonne eine Laterne hinhängen, als sie in die Hand Christi geben! Er ist die Sonne der Gerechtigkeit, und es ist unser Vorrecht, im Glanz einer unbewölkten Sonne zu wandeln,

Viele Leute suchen nach Licht und Friede und Freude. Es wird uns nirgends geboten, nach diesen Dingen zu suchen. Wenn wir Christus in unsere Herzen aufnehmen, so werden dieselben von selbst kommen.

Ich erinnere mich noch, wie ich als Knabe oft versuchte, meinen Schatten zu fangen. Eines Tages, als ich dahin schritt mit meinem Gesicht zur Sonne gewendet, sah ich mich um und mein Schatten folgte mir nach! Je schneller ich lief, desto schneller folgte mir mein Schatten; ich konnte nicht von ihm fort. Ebenso: ist unser Gesicht zur Sonne der Gerechtigkeit gewendet, so werden Friede und Freude sicherlich nachfolgen.

Vor einiger Zeit sagte ein Mann zu mir: „Moody, wie geht es Ihnen?" Ich hatte so lange nicht an meine Gesundheit gedacht, dass ich darüber nachdenken musste, wie es mir denn eigentlich ging. Manche Christen denken immer zu viel an ihre geistliche Gesundheit; und weil es ihnen da vielleicht nicht ganz gut geht, so meinen sie, ihre Freude sei auf immer fort. Wenn wir unser Gesicht nur auf Christus richten und uns mit ihm beschäftigen, so werden wir aus der Finsternis gehoben werden und aus der Sorge, die vielleicht unsern Weg verdunkelt hat.

Ich erinnere mich einer religiösen Versammlung, der ich beiwohnte, bald nach Ausbruch unseres großen Bürgerkrieges. Der Krieg hatte schon etwa sechs Monate gewährt. Die nördliche Armee war zu Bull Run zurückgeschlagen worden, und wir hatten in der Tat bloß Verluste; es schien, als werde die Republik zu Grunde gehen. Wir waren sehr niedergeschlagen und mutlos. In jener Versammlung schien es auch eine Zeit lang, als hätte jeder Redner seine Harfe an die Weide gehängt, und es war wohl die schwermütigste Versammlung, der ich je beigewohnt hatte. Gegen Ende stand ein alter Mann mit weißem Haar auf, um zu reden, während sein Gesicht glänzte. „Junge Männer," sagte er, „ihr redet nicht wie Söhne des Königs. Obwohl es hier finster ist, bedenket immer, dass anderswo die Sonne scheint." Und dann sagte er weiter, dass, obwohl es auch in der ganzen Welt finster wäre, so sei es doch immer hell um Gottes Thron.

Er sagte uns dann, dass er gerade von einem Freund gekommen sei, der ihm erzählt hatte, wie er einst die Nacht auf einem Berg zubrachte, um dort die Sonne aufgehen zu sehen. Als die Gesellschaft den Berg hinaufgestiegen war, und ehe sie „die Spitze erreicht hatten, überraschte sie ein Sturm. Der Freund sagte zu dem Führer: „Ich will nicht weiter, bringen Sie mich zurück." Der Führer aber antwortete lächelnd: „Ich glaube, wir werden bald höher als der Sturm sein." So gingen sie fort, und nach kurzer Zeit gelangten sie an einen Ort, wo es stille war wie an einem Sommerabend, während unter ihnen im Tal ein fürchterliches Unwetter tobte. Sie hörten, wie der Donner rollte, und sahen den Blitzstrahl, aber um sie herum, auf des Berges Spitze, war alles ganz ruhig.

„Gerade so, meine jungen Freunde," setzte der alte Mann hinzu, „obwohl alles um euch her in Finsternis liegt, steiget ein wenig höher, und die Finsternis wird weichen." Und oft nun, wenn mir der Mut sinken will, denke ich an diese Worte. Und wenn ihr nun im Tal seid, umgeben von dichtem Nebel und Finsternis, so steigt ein wenig höher; kommt näher zu Christus und erkennet ihn noch besser!

Du weißt, wie die Bibel sagt, dass, als Christus am Kreuze starb, das Licht der Welt ausgelöscht wurde. Gott sandte seinen Sohn, das Licht der Welt zu werden, aber die Menschen hatten das Licht nicht lieb, weil es ihnen ihre Sünden zeigte. Als sie dieses Licht auslöschen wollten, was sagte Christus zu seinen Jüngern? „Ihr werdet meine Zeugen sein." (Apg. 1, 8) Er ist hinauf gefahren, um für uns zu sprechen, aber er will, dass wir hier unten für ihn leuchten. „Ihr seid das Licht der Welt." (Ev. Matthäus 5, 14)

So ist es unser Werk zu leuchten. nicht unsere Posaune zu blasen, dass uns die Menschen ansehen. Was wir tun wollen, ist, Christus bekannt machen. Wenn wir das Licht haben, so ist es doch immer nur geborgtes Licht. Jemand sagte einst zu einem jungen Manne, einem Diener Christi: „Bekehrung. Das ist bloßer Mondschein!" Er entgegnete: „Danke für den Vergleich; der Mond borgt sich sein Licht von der Sonne, und so borgen wir unser Licht von der Sonne der Gerechtigkeit." Wenn wir Christus angehören, so sind wir hier, um für ihn zu leuchten; bald wird er uns heimrufen, zu unserer Belohnung.

Ich erinnere mich, wie ich einst von einem Blinden gehört habe, der am Wege saß, mit einer Laterne neben sich. Als man ihn fragte, warum er eine Laterne habe, da er doch das Licht nicht sehen könne, sagte er, damit die Leute nicht über ihn stolpern. Ich glaube, dass weit mehr Leute über die Unbeständigkeit sogenannter Christen stolpern als über irgendeine andere Ursache. Was der Sache Christi größeren Schaden bringt als aller Unglaube in der Welt, ist diese kalte, tote Formalität, diese Hinneigung zur Welt, dieses Bekenntnis von etwas, das wir gar nicht besitzen. Die Augen der Welt sind auf uns gerichtet. Ich glaube es war George Fox, der gesagt hat, dass ein jeder Quäker das Land zehn Meilen um sich erleuchten sollte.

Leuchteten wir alle hell für den Herrn, so wären die in unserer Nähe bald erreicht und ein Lobgesang stiege zum Himmel auf.

Die Leute sagen: „Ich möchte wissen, was die Wahrheit ist." Höre: „Ich bin die Wahrheit", sagt Christus. (Joh. 14, 6)

Willst du wissen, was die Wahrheit ist, so mache Bekanntschaft mit Christus. Die Leute klagen auch, dass sie nicht das Leben haben. Viele suchen sich selbst das geistliche Leben zu geben. Ihr könnt euch wohl sozusagen galvanisieren, mit Elektrizität beladen, aber die Wirkung kann nicht lange andauern. Christus allein ist der Urheber des Lebens. Willst du das echte geistliche Leben haben, so musst du Christus erkennen. Viele wohnen Gebetstunden und allerlei Religionsversammlungen bei, und hoffen, damit das geistliche Leben zu erreichen. Das kann ganz gut sein; aber es wird ihnen nichts nützen, wenn sie nicht mit dem lebendigen Christus in Berührung kommen. Dann nur wird ihr geistliches Leben nicht krampfhaft sein, sondern unaufhörlich fortbestehen, und wird Früchte bringen zur Ehre Gottes.

Christus ist auch unser Hüter. Viele junge Jünger fürchten, dass sie nicht aushalten können.

„Der Hüter Israel schläft noch schlummert nicht." (Psalm 121, 4.) Christus wird uns immer hüten, und wenn er uns hütet, brauchen wir nicht zu fürchten, dass wir fallen werden. Sollte die Königin Victoria die Krone Englands selbst behüten, so denke ich, könnte ein Räuber versuchen, Zugang zu ihr zu erlangen; sie ist aber im großen Turm zu London aufbewahrt, und wird Tag und Nacht von Soldaten bewacht. Sollte es je nötig werden, so würde die ganze englische Armee sie beschützen.

Wir können uns nicht mit dem Teufel messen, er hat die Erfahrungen von sechstausend Jahren auf seiner Seite. Aber wir wissen, dass der, der nimmer schläft noch schlummert, unser Hüter ist. In Jesaja 41, 10 lesen wir: „Fürchte dich nicht, ich bin mit dir; weiche nicht, denn ich bin dein Gott. Ich stärke dich, ich helfe dir auch, ich halte dich durch die rechte Hand meiner Gerechtigkeit." Und auch in Judas 24 wird uns gesagt, dass er uns „behüten kann ohne Fehler." „Wir haben einen Fürsprecher bei dem Vater, Jesus Christus, der gerecht ist." (1. Joh. 2, 1.)

Christus ist aber noch mehr, er ist unser „Hirte". Der Hirte muss für seine Schafe sorgen, muss sie weiden und behüten. „Ich bin der gute Hirte." „Meine Schafe hören meine Stimme." „Ich lasse mein Leben für die Schafe."

In dem wundervollen 10. Kapitel des Ev. Joh. gebraucht Christus das persönliche Fürwort nicht weniger als achtundzwanzig Mal, indem er sagt, was er ist, und was er tun will.

Im 28. Vers sagt er: „Sie werden nimmermehr umkommen, und Niemand wird sie mir aus meiner Hand reißen." Niemand, weder Mensch noch Teufel, kann das tun. An einer andern Stelle sagt die Heilige Schrift: „In ihm liegen verborgen alle Schätze der Weisheit und der Erkenntnis." (Kolosser 2, 3.) Wie sicher und geschützt!

Christus sagt: „Meine Schafe hören meine Stimme, und ich kenne sie und sie folgen mir." (Ev. Johannes 10, 27.) Ein Mann, der im Morgenlande reiste, hörte von einem Hirten, der alle seine Schafe bei ihrem Namen zu sich rufen konnte. Er ging zu ihm und fragte ihn, ob das wahr sei. Der Hirte führte ihn auf die Wiese, wo sie alle waren, und rief eines bei Namen. Ein Schaf sah auf und beantwortet den Ruf; aber die übrigen weideten alle fort, ohne seinen Ruf zu beachten. Auf gleiche Weise rief er etwa zwölf der Schafe zu sich. Der Fremde fragte: „Wie können Sie eins vom andern unterscheiden, Sie sehen sich doch alle gleich." „Nun," sagte er, „sehen Sie, wie das Schaf seine Zehen eindreht? Jenes hat einen schiefen Blick; noch eines hat ein wenig seiner Wolle verloren.; noch eines ein Stückchen von seinem Ohr; und noch eines hat einen schwarzen Fleck." Der Mann kannte alle seine Schafe bei ihren Fehlern, er hatte nicht ein einzig vollkommenes in der ganzen Heerde. Und ich denke, dass unser Hirt uns auf dieselbe Weise kennt

Ein Hirte aus dem Orient erzählte einst einem Manne, wie seine Schafe seine Stimme kannten, und dass kein Fremder sie täuschen könne. Der Mann dachte, er wolle das einmal versuchen. Er zog des Hirten Rock an, setzte seinen Turban auf, nahm seinen Stab und ging unter die Schafe. Er verstellte seine Stimme und suchte, so nahe er konnte, sie der des Hirten ähnlich zu machen, aber kein einziges Schaf in der ganzen Herde wollte ihm folgen. Er fragte dann den Hirten, ob seine Schafe nie einem Fremden folgen würden, und er musste gestehen, dass wenn ein Schaf kränklich sei, es einem Fremden folgen würde. So steht es mit vielen anerkannten Christen; sobald sie krank und schwach im Glauben werden, folgen sie irgendeinem Lehrer, der daher kommt; wenn die Seele aber gesund ist, so lässt der Mensch sich nicht durch falsche Lehren und Ketzereien hinreißen. Er wird gleich erkennen, ob der Redner die Wahrheit sagt oder nicht. Er wird es wissen, wenn er in enger Gemeinschaft mit Gott lebt. Wenn Gott einen rechten Boten schickt, so werden seine Worte in christlichen Herzen einen Wiederklang finden.

Christus ist ein zärtlicher Hirte.

Du magst bisweilen denken, dass er für dich kein so zärtlicher Hirte gewesen ist, du bist „unter die Rute gebracht". Es steht geschrieben: „Denn wen der Herr lieb hat, den züchtigt er, und er schlägt jeden Sohn, den er annimmt." (Hebräer 12, 6.) Dass du unter die Ruthe gebracht bist, ist doch kein Beweis, dass Christus dich nicht lieb hat.

Einer meiner Freunde hat alle seine Kinder verloren. Niemand könnte seine Familie inniger lieben als er; aber das Scharlachfieber hat sie alle, vier oder fünf, hinweggerafft. Die armen, beraubten Eltern begaben sich nach England, und reisten dort von Ort zu Ort, und dann auch auf dem Festlande. Zuletzt kamen sie nach Syrien. Eines Tages sahen sie da, wie ein Hirte an einen Fluss kam, und dann seine Herde zu sich rief, um ihn zu durchwaten. Die Schafe kamen bis zum Rande und sahen das Wasser an; aber dann schien es, als zögerten sie, weiter zu gehen und wollten seinem Ruf nicht folgen. Da hob er ein kleines Lamm auf und nahm es unter einen Arm, und ein zweites unter den andern, und so ging er in den Fluss hinein. Die alten Schafe sahen jetzt das Wasser nicht mehr an; sie stürzten sich hinein, hinter dem Hirten her, und in wenigen Minuten war die ganze Heerde auf der andern Seite des Flusses; und er führte sie weiter, zu neuen und frischen Wiesen. Als die armen Eltern diese Begebenheit beobachteten, fühlten sie, wie sie davon etwas lernen könnten. Sie murrten nicht mehr, weil der große Hirte ihre Lämmer, eins nach dem andern, in jene Welt genommen hatte, sie fingen jetzt an, auf- und vorwärts zu schauen auf die Zeit, wo sie ihren Lieben, die sie verloren hatten, nachfolgen würden. Und hast du auch Geliebte, die dir vorangegangen sind? Besinne dich, wie dein Hirte

dich ermahnt, nach dem zu trachten, „das droben ist,
und nicht nach dem, das auf Erden ist." (Kolosser 3, 2.)
Lasst uns ihm immer mit Treue und Zuversicht nachfolgen, während wir noch auf Erden wandeln! Und
hast du, lieber Leser, ihn noch nicht als deinen Hirten
anerkannt, so tue es noch heute.

Christus ist nicht nur alles, was ich bereits gesagt
habe, er ist auch unser Fürsprecher, unser Heiliger, unser
Rechtfertiger, ja es würde viele Bücher brauchen, um
zu sagen, was er gerne für eine jede Seele sein möchte.

Als ich einst einige Schriften durchblätterte, habe
ich folgende wunderbare Darstellung von Christus
gelesen. Ich weiß nicht, woher sie ursprünglich stammte,
aber sie war so erquickend für meine Seele, dass ich sie
euch mitteilen will:

„Christus ist unser Weg; wir gehen auf ihm hin.
Er ist unsre Wahrheit; wir nehmen ihn auf. Er ist
unser Leben; wir leben in ihm. Er ist unser Gebieter;
wir erwählen ihn, über uns zu regieren. Er ist unser
Herr; wir dienen ihm. Er ist unser Lehrer, der uns den
Weg zur Seligkeit lehrt. Er ist unser Prophet, der uns
die Zukunft zeigt. Er ist unser Priester, der für uns
gesühnt hat. Er ist unser Fürsprecher, der immerdar
lebt und für uns bittet. Er ist unser Heiland, der uns
auch immerdar selig macht. Er ist unsre Wurzel; wir
wachsen durch ihn. Er ist unser Brot; wir nähren uns
von ihm. Er ist unser Hirte, der uns auf grüner Aue
weidet. Er ist unser rechter Weinstock; wir bleiben in
ihm. Er ist das Wasser des Lebens; wir laben uns von
ihm. Er ist der Schönste unter Zehntausenden; wir ver-
ehren ihn über alles. Er ist „der Glanz der Herrlichkeit

des Vaters und das Ebenbild seines Wesens"; wir suchen, sein Ebenbild zu werden. Er ist der Erhalter aller Dinge; wir ruhen auf ihm. Er ist unsre Weisheit; wir werden von ihm geführt. Er ist unsere Gerechtigkeit; wir legen alle unsere Mängel auf ihn. Er ist unsre Heiligung; wir schöpfen all unsre Kraft für ein ihm geweihtes Leben von ihm. Er ist unser Erlöser, der uns von allen Sünden erlöst. Er ist unser Arzt, er heilt alle unsere Gebrechen. Er ist unser Freund, der uns in jeder Not unterstützt. Er ist unser Bruder, der uns tröstet in Bekümmernissen."

Und hier ist noch ein schöner Auszug von Gotthold:

„Was mich betrifft: Meine Seele ist gleich einem hungrigen und durstigen Kind, und ich brauche seine Liebe und seinen Trost zu meiner Erquickung. Ich bin ein irrendes und verlorenes Schaf, und ich brauche ihn zum guten und getreuen Hirten. Meine Seele ist gleich einer erschreckten Taube, von einem Habicht verfolgt; und ich brauche seine Wunden als Zufluchtsstätte. Ich bin ein schwacher Weinstock; und ich brauche sein Kreuz, woran ich mich anklammere. Ich bin ein Sünder, und ich brauche seine Gerechtigkeit. Ich bin nackt und obdachlos, und ich brauche seine Heiligkeit und Unschuld, um mich damit zu bedecken. Ich bin ungelehrt, aber ich brauche seine Lehren; blind und blöde; aber ich brauche die Führung seines Heiligen Geistes. An keinem Ort, zu keiner Zeit kann ich ohne ihn sein. Wenn ich bete, so muss er es mir eingeben, und für mich bitten. Beschuldigt mich der Teufel vor dem himmlischen Gericht, so muss er mein Fürsprecher sein. Bin ich in Betrübnis, so muss er mein Helfer sein. Bin ich von der Welt verfolgt, so muss er mich behüten.

Bin ich verlassen, so muss er meine Stütze sein; wenn ich sterbe, mein Leben; wenn ich im Grabe verwese, meine Auferstehung. So will ich lieber die ganze Welt verlassen, mit allem, das darin ist, als dich, meinen Heiland!

Und, Gott sei Dank! Ich weiß, dass auch du mich nicht verlassen kannst, noch willst. Du bist reich, und ich bin arm. Du hast im Überfluss, und ich leide Mangel. Du hast die Gerechtigkeit, ich die Sünden. Du hast Wein und Öl, ich die Wunden. Du hast Labsal und Erfrischung, ich habe Hunger und Durst.

Benütze mich denn, mein Heiland, zu jeglichem Zweck, und auf jegliche Weise, wo und wie du mich brauchen kannst. Hier, nimm mein armes Herz, ein leeres Gefäß; fülle es an mit deiner Gnade! Hier ist meine sündige und besorgte Seele, erquicke und erfrische sie mit deiner Liebe. Nimm mein Herz zu deiner Wohnung, meinen Mund zur Verkündigung deiner Herrlichkeit; meine Liebe und alle meine Kräfte zur Beförderung deiner gläubigen Kinder; und lasse die Gewissheit und Zuversicht meines Glaubens nie sich verringern — sodass ich zu jeder Zeit von Herzen sagen kann: Jesus braucht mich, und ich brauche ihn; und so passen wir zueinander."

An die Abtrünnigen.

„Ich will ihre Abtrünnigkeit heilen; gerne
will ich sie lieben; denn mein Zorn hat sich
von ihnen gewendet." (Hosea 14, 5.)

Es gibt zweierlei Abtrünnige: Die, welche noch nie
bekehrt waren, obwohl sie äußerlich mit einer
christlichen Gemeinde in Verbindung standen und
darum sagen, sie seien abtrünnig, oder „abgetreten";
während ich sage, wenn mir der Ausdruck erlaubt ist,
dass sie noch nie „zugetreten" sind. Sie mögen vom
Abtreten reden, aber sie wurden doch noch nie von
Neuem geboren. Mit solchen muss man ganz anders
umgehen, als mit wirklichen Abtrünnigen, die, welche
aus unvergänglichem Samen geboren wurden, aber
abgewichen sind. Solche wollen wir auf denselben
Weg zurückbringen, auf dem sie ihre erste Liebe verlassen haben.

Schlage den 85. Psalm auf; da kannst du lesen: „Willst du denn ewiglich über uns zürnen und deinen Zorn gehen lassen immerdar für und für? Willst du uns denn nicht wieder erquicken, dass sich dein Volk über dich freuen möge? Herr, erzeige uns deine Gnade und hilf uns." Und ferner: „Ach, dass ich hören sollte, dass Gott der Herr redet, dass er Friede zusagte seinem Volk und seinen Heiligen, auf dass sie nicht auf eine Torheit geraten!"

Nichts kann den Abtrünnigen so wohltun, wie mit Gottes Wort in Berührung zu kommen; und das Alte Testament hat ebenso große Hilfe für sie, wie das Neue. In Jeremia finden sich manche wundervolle Sprüche für die Irrenden. Was wir wünschen, ist, dass die Abtrünnigen hören, was Gott der Herr sagt.

Nun lese Jeremia 6, 10: „Ach, mit wem soll ich noch reden, und wem soll ich Zeugnis geben? Dass doch jemand hören wollte! Aber ihr Ohr ist unbeschnitten; sie können's nicht hören. Siehe, sie halten des HERRN Wort für Spott und wollen es nicht." Das ist gerade der Zustand der Abtrünnigen, sie halten des Herrn Wort für einen Spott. Wir wollen sie aber zurückführen, sodass Gott ihre Ohren erreichen kann. Lese noch Vers 14 bis 16: „Und sie trösten mein Volk in seinem Unglück, dass sie es gering achten sollen, und sagen: Friede, Friede! und ist doch kein Friede. Darum werden sie mit Schanden bestehen, dass sie solche Gräuel treiben; wiewohl sie rein sein wollen, und sie möchten sich nicht schämen. Darum müssen sie fallen über einen Haufen; und wenn ich sie heim suchen werde, sollen sie fallen, spricht der Herr. So spricht der Herr: „Tretet auf die Wege, und schauet und fraget nach den vorigen Wegen, welches der gute Weg sei, und wandelt darinnen; so werdet ihr Ruhe finden für eure Seele." Aber sie sprechen: „Wir wollen es nicht tun." „Ich habe Wächter über euch gesetzt. Merket auf die Stimme der Trompeten." Aber sie sprechen: „Wir wollen es nicht tun."

Das war der Zustand der Juden, als sie abtrünnig geworden waren. Sie hatten sich von den ewigen Wegen abgewandt. Und gerade so ist der Zustand aller Abtrünnigen. Sie sind vom guten alten Buch abgewichen. Adam und Eva sind abgefallen, weil sie dem Worte Gottes nicht gehorsam waren. Statt Gott zu vertrauen, glaubten sie lieber dem Versucher. Und so fallen auch die Abtrünnigen, weil sie sich vom Worte Gottes abwenden.

In Jeremia 2 lesen wir, wie Gott sie schilt, gleichwie ein Vater seinen ungehorsamen Sohn schelten möchte. So spricht der Herr: „Was haben eure Väter Unrechtes an mir gefunden, dass sie von mir wichen und hingen an den nichtigen Götzen; da sie doch nichts erlangten? Ich muss immer mit euch und mit euren Kindeskindern rechten, spricht der Herr. Denn mein Volk tut eine zwiefache Sünde: Mich, die lebendige Quelle, verlassen sie und machen sich Zisternen, die doch rissig sind und das Wasser nicht halten."

Eins gibt es, worauf wir die Abtrünnigen ganz besonders aufmerksam machen möchten, nämlich, dass Gott sie nie verlassen hat, sondern dass sie ihn verlassen haben! Der Herr hat sich nie von ihnen gewendet, sie haben sich von ihm gewendet! Und zwar ohne alle Ursache! Er sagt: „Was haben eure

Väter Unrechtes an mir gefunden, dass sie von mir wichen?" Ist Gott nicht noch heute derselbe Gott, der er war, als du erstmals zu ihm kamst? Hat er sich verändert? Die Leute denken immer so leicht, dass Gott sich verändert habe; die Schuld aber liegt bei ihnen. Ihr Abtrünnigen, ich möchte euch fragen: „Was habt ihr Unrechtes an Gott gefunden, dass ihr abtrünnig geworden und weit von ihm gewichen seid?" Ihr habt euch ausgehauene Zisternen gemacht, so sagt er, die doch löchrig sind und kein Wasser halten. Die Welt kann das neue Wesen doch nicht befriedigen. Kein irdischer Brunnen kann die Seele erquicken, welche die himmlische Natur angenommen hat. Weder Ehre, Reichtum, noch alle Vergnügungen dieser Welt, können diejenigen befriedigen, die einmal von dem Wasser des Lebens getrunken haben und davon gewichen sind, um Labung am Brunnen der Welt zu suchen. Alle irdische Brunnen werden vertrocknen. Sie können den Durst der Seele nicht stillen.

Und im 32. Vers heißt es: „Vergisst wohl eine Jungfrau ihren Schmuck oder eine Braut ihren Schleier? Mein Volk aber vergisst mich seit endlos langer Zeit." Solches ist die Beschuldigung, die Gott gegen die Abtrünnigen vorbringt: „Sie haben mich seit endlos langer Zeit vergessen."

Ich habe öfters junge Damen erschreckt, wenn ich zu ihnen sagte: „Meine Freundin, Sie haben Ihre Ohrringe lieber als den Herrn." Die Antwort ist immer: „Nein, wirklich nicht." Wenn ich aber frage: „Würde es Ihnen nicht leid tun, wenn Sie einen Ohrring verlören, und würden Sie nicht sogleich darnach suchen?" Die

Antwort ist: „Ja, das würde ich wohl tun." Und doch hatten sie sich vom Herrn gewendet und kümmerten sich nicht darum, ihn wieder zu finden.

Wie viele gibt es doch heutzutage, die sich mehr um ihre Kleider und ihren Schmuck sorgen als um ihre unsterbliche Seelen.

Die Liebe mag man nicht vergessen! Das Herz einer Mutter möchte wohl brechen, wenn ihre Kinder sie verlassen würden, ohne an sie zu schreiben, noch irgendein Andenken ihrer Liebe ihr zurückzulassen. Aber Gott fleht die Abtrünnigen an, wie eine Mutter ihre irrenden Kinder. Er fragt: „Was habe ich getan, dass ihr mich verlassen habt?"

Die allerzärtlichsten und liebevollsten Worte der ganzen Heiligen Schrift sind die, welche Jehovah an diejenigen richtet, die ihn ohne Ursache verlassen haben.

Höret nur, wie er mit Solchen redet: „Deine Bosheit ist schuld, dass du so geschlagen wirst, und dein Ungehorsam, dass du so gestraft wirst. Und du musst innewerden und erfahren, was es für Jammer und Herzeleid bringt, den HERRN, deinen Gott, zu verlassen und mich nicht zu fürchten, spricht Gott, der HERR Zebaoth." (Jeremia 2, 19.)

Es ist nicht übertrieben, wenn ich sage, dass ich gesehen habe, wie Hunderte von Abtrünnigen zurückgekommen sind; und ich habe sie gefragt, ob sie nicht Jammer und Herzeleid empfunden haben, als sie den Herrn verlassen hatten? Du kannst mir nicht einen einzigen Abtrünnigen zeigen, der einst den Herrn erkannt und ihn dann wieder verlassen hatte, der nicht Jammer und Herzeleid erfahren hat; und ich kenne auch keinen andern Spruch, der so oft gebraucht wird, um die Irrenden zurückzubringen. Möge er auch dich zurückbringen, wenn du jetzt weit von Gott umherirrst!

Schaue auf Lot. Hat er nicht Jammer und Herzeleid erfahren? Er lebte zwanzig Jahre in Sodom und brächte doch nicht eine einzige Seele zur Bekehrung. In den Augen der Welt war es ihm wohl ergangen. Es wurde von ihm gesagt, er sei einer der größten und ehrbarsten Männer in Sodom gewesen. Aber leider wurde seine Familie dadurch zu Grunde gerichtet! Es ist ein trauriger Anblick, wie jener alte Abtrünnige um Mitternacht durch die Straßen von Sodom geht, nachdem er seine Kinder ermahnt hatte und sie ihn nur zum Spott gemacht hatten.

Ich habe nie Eheleute gekannt, die von Gott gewichen sind, die nicht auch ihre Kinder gänzlich zu Grunde gerichtet hätten. Sie werden die Religion zu Spott machen und ihre Eltern verhöhnen. „Deine Bosheit ist schuld, dass du so geschlagen wirst, und dein Ungehorsam, dass du so gestraft wirst." Hat das David nicht auch einst erfahren? Höre, wie er weint: „Mein Sohn Absalom! Mein Sohn! Mein Sohn Absalom! Wollte Gott, ich müsste für dich sterben! O Absalom, mein Sohn, mein Sohn!" und ich glaube, es war vielmehr der Vorfall, als der Tod seines Sohnes, der diesen Schmerz verursachte.

Vor einiger Zeit war ich bis nach Mitternacht in Unterredung mit einem alten Mann. Seit Jahren war er auf den dürren Bergen der Sünde herumgeirrt — jetzt wollte er zurück. Wir beteten und beteten, bis Licht in seiner Seele aufging — dann ging er freudig fort. Am nächsten Abend, als ich predigte, saß er vor mir, und es schien mir, als hätte ich nie einen so traurigen und elenden Menschen angesehen. Er folgte mir in die Fragestube. „Was fehlt Ihnen?", fragte ich ihn dann; „haben Sie Ihre Augen wieder von Ihrem Heiland genommen? Ist Ihr Zweifel zurückgekehrt?" „Nein, das ist es nicht," sagte er. „Ich bin heute nicht meinem Geschäft nachgegangen, sondern habe den ganzen Tag unter meinen Kindern zugebracht. Sie sind alle verheiratet, und wohnen in dieser Stadt. Ich bin von Haus zu Haus gegangen, aber überall haben sie mich verhöhnt. Es ist der allerfinsterste Tag in meinem ganzen Leben gewesen. Es ist mir inne geworden, was ich getan habe. Ich habe meine Kinder in die Welt eingeführt, und jetzt kann ich sie nicht wieder herausführen." Der Herr hatte ihn getröstet mit seiner Hilfe, und doch musste er die bitteren Folgen seiner Sünden erfahren. Prüfe nur deine Beobachtungen und du wirst solche Fälle immer und immer wieder finden. Viele, die vor Jahren in deine Stadt kamen und dann Gott dienten, haben ihn in ihrem Glück vergessen, und wo findest du ihre Töchter und ihre Söhne? Zeige mir die Eltern, die Gott verlassen haben, um den armseligen Geschäften der Welt nachzujagen, und ich würde mich sehr irren, wenn ihre Kinder nicht auf dem Wege des Verderbens wandeln.

Wie wir getreu sein möchten, so ermahnen wir jetzt diese Abtrünnigen. Es ist ein Beweis der Liebe, jemanden vor Gefahren zu warnen. Vielleicht wird man uns eine Zeit lang als Feinde betrachten; aber die treuesten Freunde bleiben doch immer die, welche unserer

Ermahnung Folge leisten. Israel hatte keinen treueren Freund als Moses. In Jeremia gab Gott seinem Volk einen klagenden Propheten, um sie zu ihm zurück zu führen; doch verließen sie Gott. Sie hatten den Gott vergessen, der sie aus Ägypten gebracht und durch die Wüste ins Land der Verheißung geführt hatte. In ihrem Wohlergehen hatten sie ihn vergessen und sich von ihm gewendet. Der Herr hatte ihnen gesagt, was geschehen werde. (5. Mos. 28.) Und siehe, wie es auch geschah! Der König, der das Wort Gottes zum Spott machte, wurde von Nebukadnezzar gefangen genommen und seine Kinder vor seinen Augen geschlachtet, seine Augen geblendet, und er mit Ketten gebunden in die Gefangenschaft zu Babel geführt. So erntete er, was er gesät hatte. (2. Könige 25, 7.) Genuss bringt Jammer und Herzeleid, wenn man Gott verlässt. Der Herr aber möchte euch zurück gewinnen — mit der Botschaft seiner Liebe.

In Jeremia 8, 5-7 lesen wir: „Warum will denn dies Volk zu Jerusalem irregehen für und für? Sie halten so fest am Trug, dass sie nicht umkehren wollen." Das ist es, das der Herr gegen sie vorbringt. „Sie wollen nicht umkehren." „Ich sehe und höre, dass sie nicht die Wahrheit reden. Es gibt niemand, dem seine Bosheit leid wäre und der spräche: Was hab ich doch getan! Sie laufen alle ihren Lauf wie ein Hengst, der in der Schlacht dahinstürmt. Ich sehe und höre, dass sie nicht die Wahrheit reden. Es gibt niemand, dem seine Bosheit leid wäre und der spräche: Was hab ich doch getan! Sie laufen alle ihren Lauf wie ein Hengst, der in der Schlacht dahinstürmt."

Siehe da: „Ich sehe und höre, dass sie nichts Rechtes lehren." Kein Familien-Altar! Kein Lesen der Heiligen Schrift! Kein geheimes Gebet! Gott möchte gerne so etwas hören, aber sein Volk hat sich von ihm gewendet.

Gibt es irgendwo einen reuigen Abtrünnigen, einen, der sich nach Verzeihung und Wiederaufnahme sehnt, so kann man keine zärtlicheren Worte finden als die in Jeremia 3, 12: „Kehre zurück, du abtrünniges Israel, spricht der HERR, so will ich nicht zornig auf euch blicken. Denn ich bin gnädig, spricht der HERR, und will nicht ewiglich zürnen." Jetzt merke: „Allein erkenne deine Schuld, dass du wider den HERRN, deinen Gott, gesündigt hast und bist hin und her gelaufen zu den fremden Göttern unter allen grünen Bäumen, und ihr habt meiner Stimme nicht gehorcht, spricht der HERR. Kehrt um, ihr abtrünnigen Kinder, spricht der HERR, denn ich bin euer Herr! Und ich will euch holen, einen aus einer Stadt und zwei aus einem Geschlecht, und will euch bringen nach Zion."

„Allein erkenne deine Schuld!" Wie oft habe ich diesen Spruch den Abtrünnigen vorgehalten! „Erkenne" sie, und Gott sagt, er werde dir vergeben. Ich erinnere mich, wie einst ein Mann mich fragte: „Wer sagte das? Steht das so da?" Und ich zeigte ihm den Spruch: „Allein erkenne deine Schuld;" und er fiel auf seine Kniee und sagte: „Mein Gott, ich habe Sünde getan!" und der Herr hat ihn auch sogleich wieder angenommen. Wenn du dich auch von ihm weg verirrt hast, er will doch, dass du wieder zu ihm kommst.

An einer andern Stelle (Hosea 6, 4) sagt Gott: „Was soll ich dir tun, Ephraim? Was soll ich dir tun, Juda? Ist doch eure Liebe wie eine Wolke am Morgen und wie der Tau, der frühmorgens vergeht." Sein Mitleid und seine liebende Gnade sind wunderbar!

In Jeremia 3, 22 sagt er: „Kehrt zurück, ihr abtrünnigen Kinder, so will ich euch heilen von eurem Ungehorsam. ‚Siehe, wir kommen zu dir; denn du bist der HERR, unser Gott.'" Er legt diese Worte in den Mund der Abtrünnigen. Komme nur, und wenn du willst, so wird er dich gnädig aufnehmen und dich mit völliger Liebe lieben.

In Hosea 14, 2. 3. 5. sagt er: „Bekehre dich, Israel, zu dem HERRN, deinem Gott; denn du bist gestrauchelt durch deine Schuld. 3 Nehmt diese Worte mit euch und bekehrt euch zum HERRN und sprecht zu ihm: Vergib uns alle Sünde und tu uns wohl, so wollen wir opfern die Frucht unserer Lippen (wieder legt er Worte in ihren Mund) ... Ich will ihre Abtrünnigkeit heilen; gerne will ich sie lieben; denn mein Zorn hat sich von ihnen gewendet." Merke doch, wie „Bekehre dich! Bekehre dich? Bekehre dich!" überall ertönt!

Wenn du dich von ihm verirrt hast, so bedenke immer, dass du ihn verlassen hast, nicht dass er dich verlassen habe. Du musst aus der Tiefe des Abtrünnigen heraussteigen, gerade wie du hinein geraten bist. Und wenn du denselben Weg wieder einschlägst, auf dem du den Herrn verlassen hast, so wirst du ihn auch dort wieder finden. Würden wir mit Christus umgehen wie mit unseren irdischen Freunden, so würden wir ihn nie verlassen; und es gäbe keine Abtrünnigen Bin ich nur eine Woche in einer Stadt gewesen, so gehe ich doch nicht fort, ohne meinen Freunden die Hand zu reichen und ihnen Lebewohl zu sagen. Man würde mich gewiss mit Recht tadeln, sollte ich abreisen, ohne ein Wort zu sagen. Man würde wohl sagen: „Nun, was fehlt ihm?" Aber hast du je von einem Abtrünnigen gehört, der dem Herrn Jesus Christus Lebewohl gesagt hat, dass er in seine Kammer ging und sagte: „Herr Jesu, ich habe dich seit zehn, zwanzig oder dreißig Jahren gekannt; ich bin aber deines Dienstes müde; dein Joch ist nicht sanft, noch ist deine Last leicht: so möchte ich zu der Welt zurück, zu den Fleischtöpfen Ägyptens. Adieu, Herr Jesu, lebe wohl." Hast du so etwas je gehört? Nein, nie, und du wirst es auch nie hören. Aber ich sage dir, wenn du in deine Kammer gehst, die Welt ausschließt und Gemeinschaft mit dem Herrn hast, so kannst du ihn nicht verlassen. Die Sprache deines Herzens wird sein: „Herr, wohin sollen wir gehen? Du hast Worte des ewigen Lebens." (Johannes 6, 68.) Du könntest nicht zur Welt zurück gehen, wenn du so mit ihm umgehst. Du hast ihn aber verlassen, bist von ihm fortgelaufen, „hast ihn vergessen". Komm noch heute zurück so wie du bist! Nimm es dir fest vor, dass du nicht ruhen willst, bis Gott „dich tröstet mit seiner Hilfe."

Ein Herr in Cornwall ist einst einem Mann auf der Straße begegnet, den er als einen abtrünnigen Christen kannte. Er ging auf ihn zu und sagte: „Sagen Sie mir, haben Sie sich nicht von dem Herrn Jesus Christus entfernt?" Der Mann senkte seinen Kopf auf seine Brust und sagte „Ja". „Nun," sagte der Herr, „was hat er Ihnen denn getan?" Die Antwort darauf war ein Tränenfluss.

In der Offenbarung 2, 4-5. lesen wir: „Denke nun daran, aus welcher Höhe du gefallen bist, und tue Buße und tue die ersten Werke! Wenn aber nicht, werde

ich über dich kommen und deinen Leuchter weg-
stoßen von seiner Stätte – wenn du nicht Buße tust."
Und ich möchte dich hier gegen einen Irrtum vieler
Menschen schützen, mit Bezug auf diese Worte „tue
die ersten Werke". Viele denken, sie müssen ihre ersten
Empfindungen wieder haben. Das hat schon Tausende
für Monate ohne Ruhe verfolgt; sie warteten immer
auf eine Wiederholung ihrer ersten Empfindungen;
aber du kannst die, welche du hattest, als du zum
ersten Mal zum Herrn gekommen bist, nie wieder
haben. Gott wiederholt sich nie. Es gibt keine zwei
Menschen unter all den Millionen auf Erden, die sich
einander ganz genau ähnlich sehen, oder ganz dieselben Gedanken haben. Du sagst vielleicht, dass du zwei
Menschen nicht voneinander unterscheiden kannst;
sobald du sie aber recht gut kennen lernst, kannst du
viele Unterschiede entdecken. Gerade so hat niemand
dieselben Empfindungen zum zweiten Mal. Wenn Gott
seine Freude deiner Seele wieder zurückgeben will, so
muss er es auf seine eigene Art tun. Versuche nicht,
ihm zu zeigen, wie er dich segnen soll. Warte nicht auf
dieselben Empfindungen, die du vor zwei oder zwanzig
Jahren hattest, du wirst neue Empfindungen haben und
Gott wird mit dir nach seiner eigenen Weise umgehen.
Wenn du nur deine Sünde erkennst und ihm sagst, wie
du vom Weg seiner Gebote gewichen bist, so wird er
dich „mit seiner Hilfe trösten".

Ich möchte dich aufmerksam machen auf die Art,
wie Petrus gefallen ist; und ich glaube, dass fast alle
gerade so fallen. Ich möchte eine ermahnende Stimme
erheben für diejenigen, welche noch nicht gefallen

sind. „Darum, wer meint, er stehe, soll zusehen, dass er nicht falle." (1. Korinther 10, 12.)

Vor fünfundzwanzig Jahren, und während der ersten Jahre nach meiner Bekehrung, dachte ich, wenn ich nur zwanzig Jahre aushalten könne, dann brauche ich mich nie mehr zu fürchten, dass ich fallen werde; aber je näher wir dem Kreuze kommen, je heftiger wird der Kampf. Der Teufel hat ein hohes Ziel. Er ging unter die Zwölf, und suchte den Zahlmeister, Judas Ischariot, und den größten Apostel, Petrus, aus. Die meisten Menschen fallen gerade an der Seite ihres Charakters, wo sie am stärksten sind. Man sagt, dass der einzige Ort, wo die Erstürmung des Schlosses zu Edinburgh gelungen war, gerade da war, wo die Felsen am schroffsten sind und die Besatzung sich am sichersten fühlte. Wenn jemand denkt, er sei besonders stark auf einer Seite, so hat er gerade da besonders über sich zu wachen, denn da wird der Versucher ihn anpacken.

Abraham steht — sozusagen — an der Spitze der gläubigen Familie, und die Kinder des Glaubens könnten ihre Abstammung von ihm wohl zeigen; und doch, als er noch unten in Ägypten war, verleugnete er seine Frau. (1. Mos. 12.)

Moses war wegen seiner Sanftmut berühmt, und doch durfte er nicht ins Land der Verheißung kommen wegen einer einzigen heftigen Rede und Tat, als der Herr ihm befahl, zum Felsen zu sprechen, damit die Gemeinde und ihre Tiere Wasser haben könnten: „Höret, ihr Ungehorsamen, werden wir euch wohl Wasser hervorbringen können aus diesem Felsen?" (4. Mos. 20,10.)

Elia ward durch seine Kühnheit berühmt, und doch ging er eine Tagereise in die Wüste und versteckte sich unter einem Wachholder wie ein Feigling, und bat, dass seine Seele stürbe; und alles wegen der Botschaft, die sie von einer Frau erhalten hatte. (1. Könige 19.) Lasst uns wachsam sein! Wir, die wir Diener Christi sind, müssen immer beten, dass er uns demütig mache und demütig erhalte. Gott machte, dass das Antlitz Moses' schien, so dass alle Menschen es sehen konnten, aber Moses selbst wusste nichts davon; und je frommer ein Mensch im Herzen ist, desto offenbarer wird sein Leben und seine Rede der Welt werden.

Manche Leute reden von ihrer Demut; haben sie aber die wahre Demut in sich, so brauchen sie es nicht so zu verbreiten. Es wird gar nicht nötig sein. Man schlägt die Trommel nicht, und bläst nicht die Trompete, um die Nähe eines Leuchtturms zu verkünden; er ist sein eignes Zeugnis. Gerade so, wenn wir das wahre Licht in uns haben, so wird es sich von selbst zeigen. Nicht die, welche den größten Lärm machen, sind die Frommsten.

In der Nähe meines Hauses fließt ein kleiner Bach, und nach einem heftigen Regen kann man das rauschende Wasser weithin hören; sobald es aber schönes Wetter wird, dann fließt der Bach ganz ruhig dahin. Da ist aber auch ein Fluss in unserer Nähe, und sein Fließen habe ich noch nie gehört, wie er auf seinem tiefen, erhabenen Weg das ganze Jahr durch dahin strömt. Wir sollten die Liebe Gottes so tief in unseren Herzen haben, dass ihre Gegenwart da offenbar wird, ohne dass wir sie mit lauter Stimme verkündigen.

Der erste Schritt zum Fall Petri war sein

Selbstvertrauen. Der Herr hatte ihn ermahnt. Er sagte: „Simon, Simon, siehe, der Satan hat begehrt, euch zu sieben wie den Weizen. Ich aber habe für dich gebeten, dass dein Glaube nicht aufhöre." (Ev. Lukas 22, 31-32.) Aber Petrus sagte: „Herr, ich bin bereit, mit dir ins Gefängnis und in den Tod zu gehen." „Wenn sich auch alle an dir ärgern, so will ich doch mich niemals ärgern." (Matthäus 26, 33.) „Jakobus, Johannes, alle die andern mögen dich verlassen, aber mir kannst du immer trauen." Der Herr aber ermahnte ihn und sprach: „Petrus, ich sage dir: Der Hahn wird heute nicht krähen, ehe du dreimal geleugnet hast, dass du mich kennst." (Lukas 22, 34.) Obwohl ihn der Herr verwies, sagte Petrus, er sei bereit, ihm in den Tod zu folgen. Solche Prahlerei geht oft dem Fall voraus. Lasst uns demütig und sanft wandeln. Wir haben einen mächtigen Versucher, und in einer unbewachten Stunde werden wir stolpern und fallen, und Unehre auf Christus bringen.

Der zweite Schritt zum Fall Petri bestand darin, dass er einschlief. Wenn Satan die Kirche einschläfern kann, so kann er sein Werk durch die Kinder Gottes tun. Anstatt eine Stunde in Gethsemane zu wachen, ist er eingeschlafen, und der Herr fragte ihn: „Konntet ihr denn nicht eine Stunde mit mir wachen?" (Matthäus 26, 40) Zunächst kämpfte er in der Kraft des Fleisches. Der Herr verwies ihn wieder: „Wer das Schwert nimmt, der wird durch das Schwert umkommen." (Matthäus 26, 52.) Jesus musste vernichten, was Petrus getan hatte. Sodann folgte er ihm „von ferne" nach. So ging er Schritt für Schritt ab. Es ist immer traurig, wenn ein Kind Gottes „von ferne" nachfolgt. Wenn er mit weltlichen Freunden umgeht, und seinen Einfluss auf die falsche Seite wirft, so folgt er von ferne nach; und es wird nicht lange währen, dass Schande auf den alten Familiennamen kommen wird, und Christus wird verwundet im Hause seiner Freunde. Und der Mann bringt durch sein Beispiel noch andere zum Fall.

Sodann geht Petrus in Freundschaft mit den Feinden Christi um. Eine Magd sagt zu diesem kühnen Petrus: „Und du wärest auch mit dem Jesus aus Galiläa." Er leugnete aber vor ihnen allen, und sprach: „Ich weiß nicht, was du sagst." Als er aber zur Tür hinausging, sah ihn eine andere, und sprach zu denen, die da waren: „Dieser war auch mit dem Jesus von Nazareth." Und er leugnete abermals und schwur dazu: „Ich kenne den Menschen nicht." (Matthäus 26, 69-74.) Noch eine Stunde und noch immer erkannte er seinen Stand nicht; und noch einer erklärte, dass er ein Galiläer sei, denn seine Sprache verriet ihn. Dann ward er zornig und hob an zu fluchen und zu schwören, und wieder verleugnete er seinen Herrn — und alsbald krähte der Hahn. Er beginnt auf der Spitze der Selbstgerechtigkeit, und Schritt für Schritt fällt er ab, bis er in Flüche ausbricht und schwört, dass er den Herrn nie gekannt habe.

Der Herr konnte sich umgewendet und zu ihm gesagt haben: „Ist es denn wahr, Petrus, dass du mich so schnell vergessen hast? Bedenke, wie deine Schwiegermutter krank im Fieber lag, wie ich ihre Hand ergriff, und die Krankheit sie verließ! Und besinne dich auf dein Entsetzen über dem Zug der Fische, so dass du ausriefest: ‚Herr, gehe von mir hinaus, ich bin ein sündiger Mensch!' Und besinnst du dich nicht, wie auf Antwort zu deinem Angstruf: ‚Herr, hilf mir!' ich dir die Hand reichte und dich vom Ertrinken rettete? Hast du vergessen, wie du zu mir sagtest auf dem Berge der Verklärung in Gegenwart von Jakobus und Johannes: ‚Herr, hier ist gut sein, wir wollen hier drei Hütten machen"? Hast du vergessen, wie du mit mir beim Abendmahl warst und in Gethsemane? Ist es denn wahr, dass du mich so bald vergessen hast?" Der Herr konnte ihm mit solchen Fragen Vorwürfe gemacht haben, aber er tat es nicht. Er warf bloß einen Blick auf Petrus; und es lag so große Liebe darin, dass das Herz des kühnen Apostels gebrochen war — „und er ging hinaus und weinte bitterlich." Und nachdem Christus vom Tode auferstanden war, siehe, wie zärtlich er mit dem irrenden Apostel umging. Der Engel am Grabe sagte: „Sagt es seinen Jüngern und Petrus." (Ev. Markus 16, 7.) Der Herr hatte Petrus nicht vergessen, obwohl Petrus ihn dreimal verleugnet hatte, darum wurde diese gnädige Botschaft dem büßenden Jünger besonders gesandt. Siehe, was für einen zärtlich liebenden Heiland wir haben!

Mein Freund, bist du ein Wanderer, so mag dich der liebende Blick des Herrn zurückbringen, und mag er dich trösten mit seiner Hilfe!

Ehe ich nun schließe, lasse mich noch sagen, dass ich hoffe, dass Gott die Abtrünnigen, die diese Worte lesen, zurückbringen mag. Dass sie in der Zukunft nützliche Bürger werden und scheinende Lichter der Kirche. Wäre David nicht zurückgebracht worden, so hätten wir den 32. Psalm nie gehabt: „Wohl dem,

dem die Übertretungen vergeben sind, dem die Sünde bedecket ist," oder den schönen 51. Psalm, welcher von dem verziehenen Abtrünnigen geschrieben wurde. Und die wunderbare Predigt am Tag der Pfingsten, die Dreitausende zur Bekehrung brächte, wäre uns auch nicht gegeben worden, sie ward auch von einem verziehenen Abtrünnigen gepredigt.

Möge Gott viele andere zurück führen, und sie zu seiner Verherrlichung tausendmal nützlicher machen, als sie je vorher gewesen sind!